高等职业教育创新教材

供医学美容技术等相关专业使用

美容礼仪

主　编　寇晶莹
副主编　王　景　郑宏来
编　者　（按姓氏汉语拼音排序）
　　　　寇晶莹（天津医学高等专科学校）
　　　　孙志成（琅梵医疗美容集团）
　　　　王　华（天津医学高等专科学校）
　　　　王　景（四川护理职业学院）
　　　　吴金溪（天津市美发美容行业协会）
　　　　张　娟（西安海棠职业学院）
　　　　郑宏来（广西卫生职业技术学院）
　　　　周　娟（四川护理职业学院）

科学出版社

北　京

内 容 简 介

本教材内容包含绪论，仪容、仪表礼仪，仪态礼仪，沟通礼仪，社交礼仪，职场礼仪，美容服务礼仪。部分礼仪规范在数字课程中配有视频，旨在突出美容礼仪规范操作及技术要点，设有"学习目标""案例""链接"等模块，方便教师教学，提升学生学习兴趣。

本教材可供医学美容技术等相关专业使用，也可以作为美容相关从业人员的培训教材使用。

图书在版编目（CIP）数据

美容礼仪 / 寇晶堃主编. — 北京：科学出版社，2025.7. — （高等职业教育创新教材）. -- ISBN 978-7-03-082713-5

Ⅰ．F719.9

中国国家版本馆 CIP 数据核字第 20252TA942 号

责任编辑：张立丽 / 责任校对：周思梦
责任印制：师艳茹 / 封面设计：涿州锦晖

版权所有，违者必究。未经本社许可，数字图书馆不得使用

科学出版社 出版
北京东黄城根北街16号
邮政编码：100717
http://www.sciencep.com

北京九州迅驰传媒文化有限公司印刷
科学出版社发行　各地新华书店经销

*

2025年7月第 一 版　　开本：850×1168　1/16
2025年7月第一次印刷　　印张：7
字数：209 000
定价：49.80元
（如有印装质量问题，我社负责调换）

前言

党的二十大报告指出："人民健康是民族昌盛和国家强盛的重要标志。把保障人民健康放在优先发展的战略位置，完善人民健康促进政策。"贯彻落实党的二十大决策部署，积极推动健康事业发展，离不开人才队伍建设。党的二十大报告指出："培养造就大批德才兼备的高素质人才，是国家和民族长远发展大计。" 教材是教学内容的重要载体，是教学的重要依据、培养人才的重要保障。本次教材编写旨在贯彻党的二十大报告精神和党的教育方针，落实立德树人根本任务，坚持为党育人、为国育才。

本教材编写在内容广度、章节安排以及实操性方面做了新的安排，增加了服务行业新标准，数字时代对于礼仪的新要求。本教材以"立德树人"为根本任务，以"服务需求、注重实效"为原则，紧密结合美容行业发展趋势和人才培养需求，兼顾相关从业人员的职业素养提升，重在突出知识的系统化、实用性。

我们在编写过程中立足专业，服务职业发展，采用案例导入、问题导向的方式，将抽象的理论知识与实际工作场景相结合，并配有图片和链接，帮助学生更好地理解和掌握美容礼仪知识。在章节的编排上力求做到条理清晰、层次分明、逻辑严密，兼顾内容的规范性、适用性和创新性，服务于学生可持续性发展的未来需要，注重培养学生的沟通能力、团队合作能力、服务意识等职业素养。编写团队中既有一线教师，也有行业专家，紧跟时代发展，体现行业前沿。

为培养学生的自主学习能力，提升学生学习兴趣，本教材设置了"学习目标""案例"等模块，并配合实操案例图片，帮助学生更直观地理解抽象的美容礼仪知识。本教材可供高等职业教育医学美容技术等相关专业使用，也可以作为美容相关从业人员培训教材使用。

由于编者水平有限，本教材可能存在不足之处，恳请广大师生、学界同仁和读者提出宝贵意见，以便修正。

编 者

2025 年 5 月

配 套 资 源

欢迎登录"中科云教育"平台，**免费**数字化课程等你来！

本套教材配有数字化资源，持续更新，欢迎选用！

"中科云教育"平台数字化课程登录路径

电脑端

- 第一步：打开网址 http://www.coursegate.cn/short/KB501.action
- 第二步：注册、登录
- 第三步：点击上方导航栏"课程"，在右侧搜索栏搜索对应课程，开始学习

手机端

- 第一步：打开微信"扫一扫"，扫描下方二维码

- 第二步：注册、登录
- 第三步：用微信扫描上方二维码，进入课程，开始学习

PPT 课件，请在数字化课程中各章节里下载！

目 录

第1章 绪论 /1
第1节 礼仪概述 /1
第2节 美容礼仪 /5

第2章 仪容、仪表礼仪 /8
第1节 仪容礼仪 /8
第2节 着装礼仪 /16
第3节 表情礼仪 /25

第3章 仪态礼仪 /31
第1节 站姿 /31
第2节 坐姿 /33
第3节 行姿 /36
第4节 蹲姿 /38
第5节 手势 /39

第4章 沟通礼仪 /43
第1节 语言礼仪 /43
第2节 言谈礼仪 /47

第5章 社交礼仪 /55
第1节 称谓、介绍礼仪 /55
第2节 握手、鞠躬礼仪 /58
第3节 通讯、书信礼仪 /61
第4节 名片、馈赠礼仪 /65
第5节 其他社交礼仪 /67

第6章 职场礼仪 /73
第1节 办公室礼仪 /73
第2节 商务谈判礼仪 /80

第7章 美容服务礼仪 /85
第1节 美容护理服务礼仪 /85
第2节 整形美容服务礼仪 /92

主要参考文献 /102

目标检测参考答案 /103

第1章 绪 论

1. **素质目标** 培养学生道德修养和职业素质。
2. **知识目标** 掌握礼仪的概念、特点、原则和功能；熟悉美容礼仪的含义、原则；了解美容礼仪的学习意义。
3. **能力目标** 具备分辨礼仪特点及功能的能力。

第1节 礼仪概述

案例1-1

李女士是一位新入职的美容从业人员，由于在短期内业务表现出色，被评为年度优秀新人，且被邀请到公司总部参加颁奖仪式。李女士抵达目的地后，受到公司领导的热情迎接，为祝贺每位优秀员工，公司领导亲自迎接获奖员工，并逐一握手致意。当领导走到李女士面前时，李女士因过于激动，主动伸手去和领导握手，领导见状，略显尴尬。

问题：1. 李女士在这次接待中哪项礼仪出错了？
　　　2. 此案例体现了礼仪的何种特点？

一、礼仪的基本概念

礼仪是指在人际交往中以约定俗成的程序、方式来表现的律己、敬人的行为规范。凡是表示重视、尊重、敬意等态度所举行的合乎社交规范和道德规范的仪式都称为礼仪。礼仪是人们在社会生活中处理人际关系并约束自己的行为以表示尊重他人的准则。所以，礼仪是对礼貌、礼节、仪表、仪式等具体形式的统称，是个人内在修养和素质的外在表现。

（一）礼貌

礼貌是指在人际交往中通过仪表、语言、动作等表现出的对交往对象的谦虚、恭敬与友好的态度。礼貌体现出一个人的品质和素养，如一个微笑，一句"您好"都是礼貌的表现。在人际交往中讲究礼貌有助于建立相互尊重和友好合作的关系。

（二）礼节

礼节是待人接物的行为规则，是人们在日常生活中特别是交际场合表示尊敬、问候、祝贺、慰问等态度的惯用形式。礼节是礼貌的具体表现形式，如握手就是向人表示"你好"的一种具体表现形式（图1-1）。

礼节和礼貌是相辅相成的，有礼貌而不懂礼节，容易失礼；懂礼节而没有礼貌，则缺乏诚意。

（三）仪表

仪表是指人的外表，如容貌、服饰、姿态等。美容从业人员需统一着装、束发，部分岗位还需化淡妆，以彰显其所在美容机构的专业性和规范性。

（四）仪式

仪式是指在特定场合中遵循既定程序进行的、具有规范形式与象征意义的社会活动，如颁奖仪式、开幕仪式等。

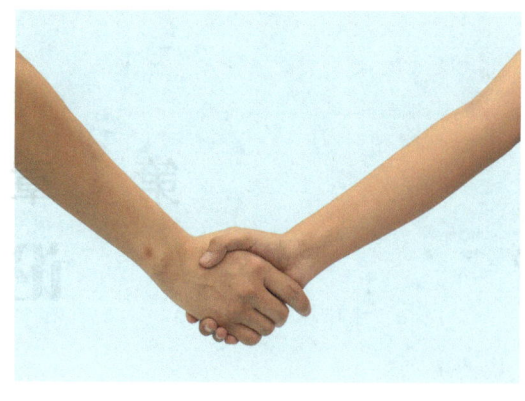

图1-1　握手礼

二、礼仪的特点

（一）普遍适用性

礼仪的普遍适用性根植于人类社会的共性需求。无论文明形态如何演变，只要存在人际交往活动，人们必然需要通过礼仪行为，如问候、各种庆典仪式等传递情感与表达尊重。尊老爱幼、诚实守信等基础伦理准则，始终作为通行的价值准则融入各类礼仪体系，构成人类文明共同遵守的行为范式。

（二）差异性

1. 地域性差异　各个国家、地区、民族由于信仰、历史发展等因素的不同，都有区别于他域的礼仪表达方式。

中国在地理上以长江为界分为南方和北方。两个区域因农作物种植、气候环境、地理地貌特征不同，产生了相对独立、各有特征的礼仪文化和习俗。例如，南方地区气候温暖湿润，水资源丰富，因此，南方地区的传统节日活动往往与水有关。端午节期间，南方许多地方会举行赛龙舟活动，体现了南方人民与水为伴的生活习俗和对水利的重视。北方地区的冬季寒冷，特别是东北地区，人们在冬季使用冰块雕刻并制作成各种形状的冰灯，以此来庆祝冬季的来临，形成了与冰雪相关的传统活动，同时也展现了北方人民在寒冷环境中顽强生存的精神和对冰雪文化的热爱。

2. 礼仪等级差别　礼仪规范要求对不同身份地位的对象采用不同的礼仪形式。对身份地位高的人（长辈）一般会给予较高规格的礼遇，对身份低的人（晚辈）的礼遇规格相对低一些。例如，师生相遇时，学生应向老师行鞠躬礼，而老师对学生则不必以鞠躬礼相还，只要向学生微笑致意并问候即可。

（三）时效性

礼仪的时效性是指一个时代的社会风貌、政治背景、文化习俗等会对礼仪的形成或流行产生影响。所以从古到今的礼仪不是一成不变的。例如，中国古代人见面的时候行拱手礼以示对对方的尊重，而现今，人们见面行握手礼或点头礼以示尊重。

（四）传承性

礼仪的传承性是指当代礼仪是在古代礼仪的基础上传承发展而来的。

礼仪作为一种人类文明积累，一旦形成，习惯的做法会被固定下来，流传下去，逐渐形成民族特色，最后被一代一代继承下去，如勤俭节约、礼尚往来、克己奉公的中华美德被流传至今。

对于既往的礼仪文化遗产，正确的态度是有扬弃，有继承，有发展。

(五)规范性

礼仪本身就是行为规范。任何人想要在交际场合表现得合乎礼仪,就必须无条件遵守礼仪规范,如果不按照规范做,而"独创"自己的礼仪行为,必然会令很多交往对象难以接受,轻则陷入尴尬,重则伤害他人感情,如握手时不按照礼仪规范做,左顾右盼,会令对方不悦。

(六)公德约束性

公德是指社会公共道德,它是一种被社会认可的行为规范。礼仪与公共道德不违背的特征称为礼仪的公德约束性。

礼仪虽没有法律的强制力,但在人们生活中具有无形约束力,这种约束力通过家族、亲友、社会的舆论监督,会迫使人们自觉遵守礼仪规范,如随地吐痰、乱扔果皮纸屑等行为,会受到旁人甚至社会的舆论谴责。

绝大多数人都渴望获得社会认同,因此应当注重个人社会形象,自觉遵循礼仪规范。

(七)通俗实用性

礼仪的通俗实用性体现在礼仪的内容简单明了,便于理解和实施,通过日常生活的实践就可以学习和掌握,且礼仪能够指导人们在各种社交活动中如何得体地行事,以维护和谐的人际关系。

总体来说,礼仪是一门实用性很强的学科,规则简明,实用易学。

三、礼仪的基本原则

礼仪的基本原则是人们在社交活动中应当遵循的准则,它们不仅体现了个人素质和教养,也是社会文明和进步的重要标志。掌握礼仪的基本原则有助于人们更好地灵活运用礼仪,规范个人言行,提升个人形象,促进社会和谐与文明进步。

(一)宽容原则

在社会人际交往中,既要严于律己,也要宽以待人,能够理解和包容他人的不同观点和行为。每个人的思想、品格及认识问题的水平总是有差别的,我们不能用一个标准要求所有的人,而应宽以待人,这样才能化解生活中的人际冲突。

在不违背正义和道德的前提下,对于不同的言行,应保持平和、容忍的态度,这是尊重对方的表现。孔子曰"宽则得众",则是说明一个有着宽阔胸怀的人更易于赢得他人的爱戴和敬重。

(二)敬人原则

在社会人际交往中,要时刻保持敬人之心,尊重他人的个人尊严、人格、爱好和感情,以平等的身份与人交往,不可失敬于人。

尊敬他人是礼仪的核心与重点。敬人之心要常存,这体现在每一个生活细节中,如与人交谈时不打断别人说话,认真倾听对方的意见;又如在需要排队的场合要遵守秩序,不可插队或推挤。

敬人也必须注意技巧,把握分寸,合乎规范。凡事过犹不及,如果做过头或做得不到位,都不能正确表达自己自律、敬人之意。

(三)适度原则

在社会人际交往中,人们在应用礼仪时要注意把握分寸,做到认真得体,既不过分也不失礼。

1. 情感适度 在与人交往时,既要彬彬有礼,又不能低三下四;既要热情大方,又不能轻浮谄谀,并通过保持适当的距离、适度的情绪控制、给予对方适当的回应以及避免过度依赖对方的情感回应等途径维持人际关系。例如,在与同事或者客户起冲突时,应尽量控制自己的情绪,注意措辞和语气,避免脱口而出伤害对方的话语,让对方感受到你的真诚和希望得到理解的态度;

又如在家庭关系中，双方应各自保留一定的私人空间和社交圈，不过分期待对方的情绪回应，避免因期望过高而产生失望和矛盾。

2. 谈吐适度　在与人交往时，要真诚友好，不能虚伪客套。适度的言语表达不仅能传递信息，还能体现尊重和关心，如朋友在遇到困难时，适当表达同情和支持，不要夸大其词或轻描淡写；又如在与对方意见不同时，应礼貌地表达自己的看法，而非直接否定对方观点或讽刺对方。

3. 举止适度　人际交往中应当举止得体、自然大方，既要尊重传统礼俗，又要避免失礼粗俗。行为上的适度主要体现在不同场合下的得体表现，如参加正式场合时，注意遵守规范的举止礼仪，在与友人聚会时，行为举止则可适当放松自如，避免过于拘谨。

（四）自律原则

在社会人际交往中，任何人不论身份高低、职务大小、财富多少，都有自觉遵守、应用礼仪的义务。

自律是礼仪的基础和出发点，包含自我约束、自我控制、自我反省等。

> **链接**　礼仪典范——诸葛亮
>
> 诸葛亮是三国时期蜀汉丞相，以智慧和廉洁自律著称。他一生遵循严格的礼仪规范，并身体力行。诸葛亮在日常生活中尊重他人，始终保持着谦逊有礼的态度。他对待下属和百姓都非常尊重，经常倾听他们的意见和建议，从不摆架子或盛气凌人。在家庭生活中，诸葛亮注重家风家教，通过撰写《诫子书》等家书，教育子女要修身养性、勤俭节约、淡泊名利、忠诚国家。这些家书不仅体现了他对子女的殷切期望和关爱之情，也展现了他作为一位父亲和长者的礼仪风范。

（五）真诚原则

在社会人际交往中，人们通过真诚的交流、诚挚的道歉和感谢，以及得体的举止，不仅能够赢得他人的尊重和信任，还能够建立更加健康和谐的社会关系。

礼仪的真诚原则要求人们无论是在日常生活还是特定场合中，在各个方面都要展现出真诚的态度和行为，如在商业活动中，真诚原则要求遵守商业合同和协议，诚实地执行交易，不进行欺诈行为或隐瞒重要信息。

缺乏真诚，口是心非的人，即使在礼仪方面做的无可指责，最终还是得不到别人的信任。

（六）从俗原则

在社会人际交往中，不同国家、民族、地区风俗不同，要入乡随俗，与绝大多数人的习惯做法保持一致。

礼仪的从俗原则是一种跨文化交流的基本准则，它要求个人在尊重自身文化的同时，积极适应和尊重目标文化的习惯和规范，如在参与任何文化活动之前，要了解当地的节日庆祝方式、饮食习惯、宗教信仰等，以便在参与时能够表现得得体。

遵守从俗原则不仅能够促进不同文化背景的人们之间的和谐相处，也是一种个人修养和社交智慧的体现。通过实践从俗原则，人们可以在全球化的世界中更加自如地交流和生活，共同创造一个多元而和谐的社会环境。

（七）平等原则

在社会人际交往中，人们在日常生活中要不断审视自己的行为和态度，确保在各种社交和专业环境中都能体现对所有人平等的尊重和公正的对待。

礼仪的核心就是尊重交往对象。当面对众多各方面相同或相近的交往对象时，必须一视同仁，给予他们同等的礼遇，不能因为交往对象之间存在着年龄、性别、种族、文化、职业、身份、地位、财富以及与自己的关系亲疏远近等方面的不同，就厚此薄彼，区别对待，给予不平等的礼遇，如在评价他人的工作时，应基于工作本身的质量和效果，而不是基于对个人的喜好或不喜欢；再如为残疾人提供无障碍设施，或为不同文化背景的人提供相应的饮食选项等。

通过实践平等原则，我们可以共同创造一个更加包容和尊重多元的社会。

四、礼仪的功能

礼仪的功能是多方面的，它不仅在个人层面发挥着重要作用，还在社会和组织层面产生深远影响。

（一）沟通交流

礼仪是人们日常沟通与交流的重要工具。通过遵循礼仪规范，人们可以使相互交往过程更加和谐、顺畅，减少误解和冲突。礼仪中的礼貌用语、得体举止等，都有助于建立良好的沟通氛围，促进信息的有效传递。

（二）促进和谐

礼仪作为一种规范和程序，对人们之间的关系模式起着规范、约束和及时调整的作用，有助于促进人际关系的和谐。在相互交往中，遵循礼仪规范可以减少摩擦和冲突，增进彼此之间的理解和信任。这种和谐的人际关系不仅有利于个人的成长和发展，还有利于社会的稳定和进步。

（三）塑造形象

礼仪对于个人和组织形象的塑造具有重要意义。一个人的礼仪修养往往能够反映出其个人素质和教养水平，而一个组织的礼仪规范则能够体现出其文化和管理水平。因此，注重礼仪有助于提升个人和组织的形象和声誉。

（四）教育传承

礼仪作为人类文明的重要载体，其教育传承功能深刻影响着社会文化的延续与发展。它不仅是行为规范的集合，更是一种潜移默化的教化力量，在代际传递中塑造着群体的价值观念与精神内核。

礼仪的教育功能主要体现在价值观的传递上，其以具象化的方式诠释着特定文化对"善"与"美"的理解，如鞠躬礼蕴含的谦逊美德，握手礼传递的平等精神，都在日常实践中完成着道德教育的功能。

第2节 美容礼仪

案例1-2

张女士是一位化妆品营销人员，由于业务成绩出色，被委派到新研发的化妆品的品牌柜台进行产品推广和展示。由于是新研发的化妆品，很多消费者对该新品产生疑虑，担心产品成分质量不达标或怀疑宣传真伪度，更有个别消费者在与张女士询问产品情况时口无遮拦，言语中表达出对产品不满意，甚至对张女士本人也不满意，而张女士并没有与对方产生冲突，只是礼貌地进行回应，并用娴熟的化妆技术为消费者们现场进行化妆造型，最终获得了消费者们的赞誉，并赢得了消费者对该品牌的喜爱和信任。

问题：1. 你认为张女士做的哪一点最终赢得了消费者们的信任？
2. 此案例中体现了礼仪的何种原则？

一、美容礼仪的含义

美容礼仪是指在美容行业中，从事美容服务的人员在与顾客进行接触、交流以及提供服务的过程中，所应遵循的一系列行为规范、礼貌举止和职业道德准则。这些规范旨在确保顾客在接受美容服务时感受到尊重、舒适和愉悦，同时展现出美容师的专业素养和美容行业的良好形象。

美容礼仪不仅体现在外在的仪表形象，如着装打扮、发型指甲的整洁等，更重要的是体现在与顾客的沟通方式、服务态度、操作技巧以及保护顾客隐私等方面。它要求美容师具备高度的职业素养，能够在服务过程中展现出良好的沟通技巧、耐心细致的服务态度和专业的美容技能，以满足顾客的需求并超越他们的期望。

此外，美容礼仪还涉及对美容行业文化和价值观的传承与弘扬。它要求美容师在提供服务的同时，能够传递出积极向上的生活态度、健康美丽的生活理念以及尊重自然、追求和谐的审美观念，为顾客营造一个愉悦、舒适的美容环境。

学习美容礼仪可以帮助从业人员提升专业形象、优化顾客体验、避免文化冲突、精进沟通技巧、规范标准化服务流程、加强团队协作、遵循法律与道德、提升个人品质，从而持续提升职业素养，促进职业成长。

链接 礼仪典范——诸葛亮

热情友好，宾客至上；真诚公道，信誉第一；文明礼貌，优质服务；团结协作，顾全大局；遵纪守法，廉洁奉公；钻研业务，提高技能；平等待客，一视同仁。随时注意："请"字当头，"谢"字随后，"您好"不离口。

二、美容礼仪的原则

美容礼仪的原则是美容行业从业人员在提供服务时应遵循的基本准则，这些原则旨在确保顾客获得高质量、专业化的服务体验。

（一）尊重原则

在提供服务过程中，应尊重顾客的隐私权和个人空间，不泄露顾客的个人信息；认真倾听顾客的需求和期望，根据顾客的具体情况和要求提供个性化的服务。

（二）专业态度

1. 专业素养 美容师应具备专业的美容知识和技能，能够准确判断顾客的皮肤状况等基本情况并提供科学、合理的建议。

2. 严谨操作 在服务过程中，应严格按照操作规程进行，确保服务质量和顾客安全。

（三）良好沟通

1. 有效交流 与顾客保持良好的沟通，耐心解答顾客的问题，及时反馈服务进展和效果。

2. 倾听为主 在沟通过程中，应以倾听为主，理解顾客的需求和反馈，避免打断或忽视顾客的话语。

（四）礼貌待客

1. 礼貌用语 在与顾客交流时，应使用礼貌、得体的语言，避免使用粗俗、不雅或冒犯的词汇。

2. 微笑服务 保持微笑，用友善、亲切的态度对待每一位顾客，营造愉悦的服务氛围。

（五）注重细节

仪表整洁：美容师应保持个人仪表的整洁和卫生，穿着得体的工作服和工鞋，展现良好的职业形象。

环境幽雅：确保服务环境的整洁、幽雅和舒适，为顾客提供一个愉悦、放松的享受空间。

（六）诚信经营

1. 诚信宣传 在宣传和推广美容服务时，应真实、客观地介绍服务内容和效果，避免夸大其词或虚假宣传。

2. 价格透明 明确告知顾客服务的价格和标准，避免在服务过程中出现额外的收费或隐性消费。

（七）持续改进

1. 顾客反馈 积极收集顾客的反馈意见和建议，不断改进服务质量和流程，提升顾客满意度。

2. 自我提升 美容师应不断学习新知识、新技能，提升个人专业素养和服务能力，以更好地满足顾客的需求。

综上所述，美容礼仪的原则涵盖了尊重顾客、专业态度、良好沟通、礼貌待客、注重细节、诚信经营以及持续改进等多个方面。这些原则共同构成了美容行业从业人员应遵循的基本行为准则，对于提升服务质量、塑造品牌形象以及推动美容行业的健康发展具有重要意义。

目 标 检 测

一、单项选择题

1. 礼仪与时代发展紧密相连，体现礼仪的哪个特点？（   ）
   A. 规范性　　　　　　B. 多样性
   C. 地域性　　　　　　D. 时代性

2. 在一定场合举行的，有专门程序规范的活动是（   ）。
   A. 礼貌　　　　　　　B. 礼节
   C. 仪表　　　　　　　D. 仪式

3. 在人际交往中约定俗成的行为规范与准则是（   ）。
   A. 礼仪　　　　　　　B. 礼节
   C. 仪表　　　　　　　D. 仪式

4. 礼仪的特点不包括（   ）。
   A. 差异性　　　　　　B. 时效性
   C. 强制性　　　　　　D. 协调性

5. 礼仪的功能不包括（   ）。
   A. 沟通功能　　　　　B. 辨别功能
   C. 教育功能　　　　　D. 约束功能

二、多项选择题

1. 以下关于礼貌和礼节的说法，正确的选项是（   ）。
   A. 礼貌是礼仪的基础，礼节是礼仪的具体体现
   B. 礼节是可有可无的，对人际关系影响不大
   C. 礼貌和礼节在跨文化交流中同样重要
   D. 礼貌和礼节只适用于特定的人群或阶层

2. 关于礼仪，下列说法不正确的是（   ）。
   A. 既注重品格修养，又注重一言一行
   B. "穿衣戴帽各有所好"，不必考虑别人怎样评价
   C. 有人很会利用彬彬有礼来博得别人好感，其实人品很差，不要学这种人做表面文章，这样太庸俗
   D. 不喜欢的人，不能违心地去跟他交往，所以干脆不理他

（寇晶堃）

第2章 仪容、仪表礼仪

1. 素质目标 培养学生良好的礼仪素养，重视礼仪之用，养成自尊自信、积极向上，讲礼守礼的人生态度。

2. 知识目标 掌握个人仪容修饰的要求与技巧；了解各项礼仪规范和要求。

3. 能力目标 培养学生能够根据场合进行恰当的个人形象塑造。

第1节 仪容礼仪

案例 2-1

小王是某高端SPA会所的资深美容师，她的专业仪容成为获取客户信任的重要基础。每天上岗前，小王都会严格检查仪容：将长发盘成整洁的发髻，额前不留碎发；修整眉形保持自然弧度，仅用棕色眉粉轻扫；涂抹轻薄的哑光粉底，重点遮盖黑眼圈但保留肌肤质感；使用浅咖色眼影轻扫眼窝，刷一层透明睫毛膏增强眼部灵动感；选择与唇色相近的润色唇膏，确保说话时不会分散顾客注意力，并确保无长指甲、无夸张饰品、无浓烈香水味道。在服务过程中，小王始终保持清爽形象，客户反馈："美容师小王的专业形象让我们对护理效果更有信心。"

问题：小王达到了哪些关于美容师仪容的标准？

一、发型标准及要求

发型是个人形象的重要组成部分，掌握发型标准及要求，有助于提升自己的仪容形象。我们要从日常生活中的点滴做起，养成良好的发型习惯，让自己在各个场合都能展现出优雅、得体的形象。

（一）发型在仪容礼仪中的重要性

在现代社会，个人形象越来越受到重视，发型作为形象的重要组成部分，其在仪容礼仪方面的地位不容忽视。一个合适的发型不仅可以修饰脸型、展现个人气质，更能体现一个人的生活态度和审美情趣。在人际交往中，整洁、得体的发型能给人留下良好的第一印象，从而有助于建立和谐的人际关系。

1. 整洁 保持头发清洁、整齐，避免油腻、凌乱。定期修剪头发，保持发型的美观。

2. 适中 发型长度适中，不过长或过短。长发应修剪整齐、避免散乱，或束起。

3. 简约 避免过于复杂的发型，尽量选择简约、大方的款式。

4. 自然 遵循头发的自然生长方向，不过度烫染，保持头发健康。

5. 场合 根据不同场合选择合适的发型，如正式场合可选择盘发、束发等，休闲场合可适当放宽要求。

（二）日常发型标准及要求

日常发型的标准及要求因个人风格、职业环境、社会文化等因素而有所不同。头发应保持干净，发型应整齐，不凌乱，符合个人形象和职业要求，与脸型、身形和服装风格相匹配。发色应自然，不过于夸张，除非特定职业或场合允许，发色也应保持均匀，无明显的色差或褪色。使用适当的发型产品（如发胶、摩丝、定型喷雾等）来保持发型。女性可以使用发卡、发带、发箍等装饰品，但应与整体装扮协调，发型应适应日常活动，不易脱落或散乱。在特殊环境（如高温、潮湿）下，发型应能保持一定的稳定性（图2-1）。

（三）不同场合的发型要求

1. 校园场合 学生发型应以简洁、大方为主，不宜过分时尚或夸张。男生可保持短发，女生可选择马尾、短发或半扎发等（图2-2）。

图2-1 日常发型

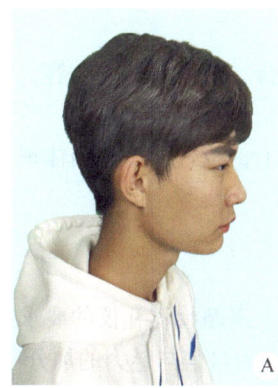

图2-2 校园学生发型
A. 男生发型；B. 女生发型

2. 工作场合 职场人士的发型应端庄、优雅，体现职业素养。男士可保持短发或梳理整齐的发型，女士可选择盘发、低马尾或职业短发（图2-3）。

3. 社交场合 在聚会、晚宴等社交场合，发型可以稍加修饰，展现个人魅力。男士可尝试短发、寸头、蓬松背头等发型，女士可选择优雅的烫发、盘发等（图2-4）。

4. 特殊场合 参加婚礼、葬礼等特殊场合，应遵循特殊场合规范，保持发型庄重、得体。

图2-3 盘发

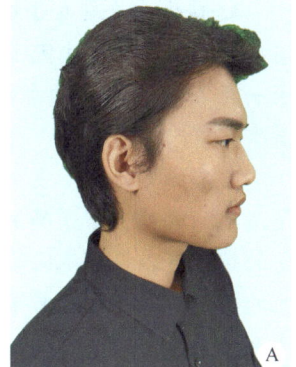

图2-4 社交场合发型
A. 男士短发；B. 女士烫发

（四）发型打理技巧

1. 洗发 选用适合自己发质的洗发水，定期进行深层护理，保持头发健康。

2. 吹发　使用吹风机时，先从发根开始吹，再吹发梢，避免高温损伤头发。
3. 梳理　使用木质或牛角材质的梳子，从发梢开始梳理，避免用力过猛导致断发。
4. 护发　适当使用护发素、发膜等产品，保持头发光泽、柔顺。

二、妆容标准及要求

妆容礼仪不仅是个人形象的一部分，更是对他人的尊重和职业素养的体现。了解并遵循妆容的标准及要求，对于塑造良好的第一印象至关重要。

（一）妆容礼仪的标准

1. 自然得体　妆容应追求自然和谐，以恰如其分地展现个人的真实美感为主。色彩选择应与肤色相匹配，避免过于突兀。

2. 整洁有序　保持妆容的整洁是基本礼仪，无论淡妆还是浓妆，都要确保妆容无晕染、无脱妆现象。

3. 匹配场合　根据不同的社交场合，选择合适的妆容。例如，工作场合适合淡妆，晚宴等正式场合则可以适当化稍浓的妆容。

4. 个性体现　在遵循礼仪的基础上，妆容可以适当体现个人特色，如选择适合自己气质的眼影颜色或唇膏色调。

（二）妆容礼仪的要求

妆容礼仪是个人修养的外在表现，遵循妆容礼仪的要求，不仅能够提升个人形象，更能在人际交往中传递出专业与尊重，让妆容成为自信与魅力的加分项。

1. 底妆要求
（1）选择与肤色接近的粉底，避免色差。
（2）使用遮瑕产品遮盖瑕疵，如痤疮、黑眼圈等。
（3）定妆使用散粉，保持妆容的持久性。

2. 绘眉要求
（1）修整眉形，去除多余杂乱的眉毛。
（2）画出自然眉形，不宜过粗或过细，眉色与发色相协调。

链接　绘眉时对各部分的要求

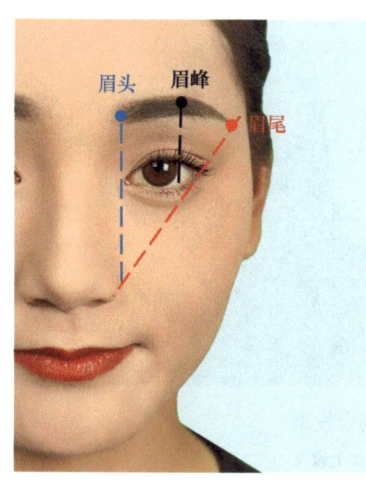

图 2-5　绘眉要求

1. 眉头　是眉毛开始的部分，通常位于鼻翼的延长线上。眉头的形状和密度决定了眉毛的整体风格。眉头的高低也会影响一个人的表情和面部特征，一般来说，眉头应该稍微低于眉峰。

2. 眉峰　是眉毛最突出的部分，它位于眉毛的中间，通常是眉毛的最高点。眉峰的位置对于整个眉毛的形状至关重要。它的位置可以根据不同的脸型和眉形进行调整，但通常位于瞳孔的外侧边缘上方。眉峰的形状可以尖锐也可以圆滑，可根据个人的风格和面部特征确定。

3. 眉尾　是眉毛结束的部分，它的长度和方向可以影响脸部的整体平衡。眉尾通常位于鼻翼和眼尾的延长线上，眉尾略微上扬或水平。眉尾的形状可以是尖锐的，也可以逐渐变细（图2-5）。

3. 眼妆要求

（1）眼影色彩搭配应和谐，避免使用过多鲜艳色彩。

（2）眼线流畅，不宜过粗，可根据眼型适当调整。

（3）睫毛膏均匀涂抹，避免结块。

4. 腮红要求

（1）选择适合肤色的腮红，微笑时在颧骨最高处轻扫。

（2）腮红应自然过渡，避免出现界线分明的"红脸蛋"。

5. 唇妆要求

（1）先用唇线笔勾勒唇形，再涂抹口红。

（2）选择不易脱色的口红，避免用餐或交谈时唇妆脱落。

6. 补妆要求

（1）在非公共场合进行补妆时，避免在他人面前进行补妆。

（2）补妆工具保持清洁，避免细菌感染（图2-6）。

7. 香水使用

（1）香水应喷在脉搏处，如手腕、耳后。

（2）香水用量不宜过多，以免影响他人。

图 2-6　补妆工具

（三）妆容打理技巧

1. 妆前准备

（1）清洁皮肤　使用适合自己肤质的洁面产品彻底清洁面部，为上妆打好基础。

（2）保湿　涂抹保湿霜，确保肌肤水润，这样会使妆容更加服帖。

（3）打底　使用妆前乳或打底霜，帮助平滑肌肤，提高后续妆容的持久度。

2. 底妆技巧

（1）选择合适的粉底　根据肤色选择粉底色号，最好在颈部试色，确保颜色与肤色匹配。

（2）打粉底　使用化妆海绵、刷子或手指将粉底均匀涂抹在面部，从内向外，从上至下进行（图2-7）。

（3）遮瑕　在瑕疵、黑眼圈等需要遮盖的地方使用遮瑕膏，用小刷子或指尖轻轻拍打。

（4）定妆　将散粉或定妆粉轻轻扑在脸上，特别是容易出油的区域，帮助妆容更持久。

3. 眼妆技巧

（1）眉毛　先用眉刷梳理眉毛，然后用眉笔或眉粉填充眉毛，注意眉峰和眉尾的位置（图2-8）。

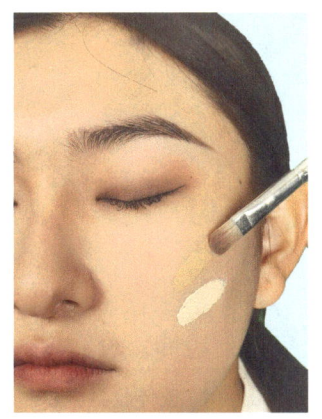
图 2-7　底妆

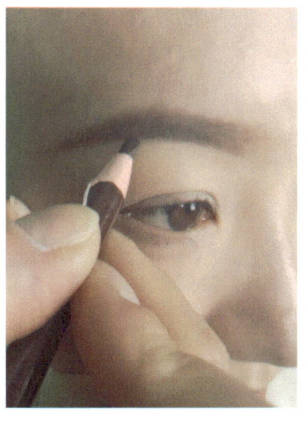
图 2-8　画眉毛

（2）眼影　选择适合自己眼型的眼影颜色，用眼影刷从眼睑中心向外晕染，渐变层次（图2-9）。

（3）眼线　沿着睫毛根部画出眼线，眼尾可以稍微上扬，增加眼睛的神采（图2-10）。

（4）睫毛　从根部开始刷睫毛膏，先刷一层，等干了之后再刷第二层，避免结块（图2-11）。

4. 脸部修容（图2-12）

（1）高光　在额头、鼻梁、下巴等部位涂抹高光，增加立体感。

（2）阴影　在脸颊两侧、鼻翼两侧由上往下涂抹阴影色，打造面部轮廓。

图2-9　涂抹眼影

（3）腮红　微笑时在颧骨最高处轻扫腮红，营造自然的好气色。

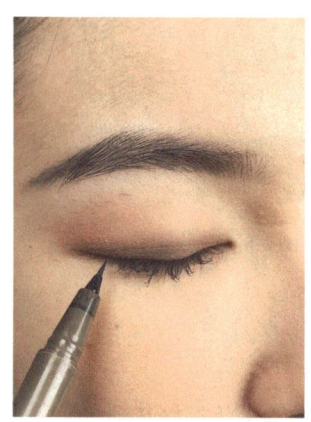

图2-10　画眼线　　　　图2-11　涂刷睫毛膏　　　　图2-12　脸部修容

5. 化唇妆技巧（图2-13）

（1）唇线　唇形不明显的，可选择唇线笔勾勒唇形，这样可以避免涂口红时溢出。

（2）涂抹口红　从唇中心向外涂抹口红，可以用唇刷涂抹，使颜色均匀。

（3）定妆　用纸巾轻按唇部，去除多余油脂，再涂抹一层口红，增加持久度。

6. 整体妆容（图2-14）

（1）检查　在自然光下检查妆容是否均匀，是否有遗漏或不自然的地方。

（2）补妆　携带便携式化妆包，以便在必要时进行补妆。

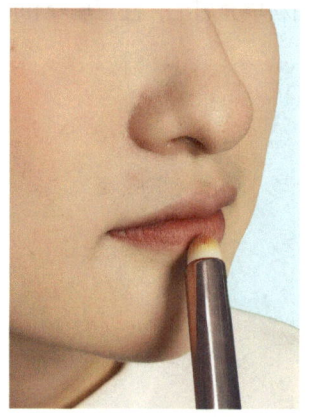
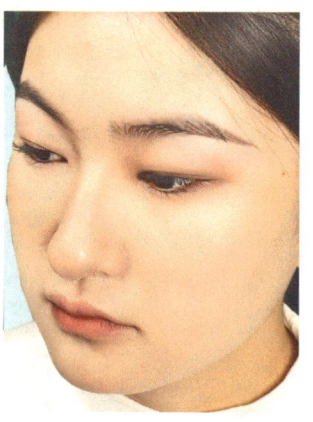

图2-13　涂口红　　　　图2-14　整体妆容

妆容的目的是突出个人的优点，而不是放大自己的容貌缺点。因此，掌握这些技巧的同时，也要保持妆容的自然和真实。

（四）美容顾问的妆容规范与特点

1. 妆容规范（图2-15）

（1）底妆　底妆要均匀、自然，与肤色相符。遮盖瑕疵，呈现良好的肌肤状态。

（2）眉毛　眉毛要修整得整洁、自然，眉形与脸型相匹配。使用眉笔或眉粉填充，使眉形更加立体。

（3）眼妆　眼影颜色搭配和谐，晕染自然。眼线流畅，用睫毛膏刷出纤长、卷翘的睫毛。

（4）腮红　根据脸型选择合适的腮红位置，于笑肌处轻扫，使面部妆容更加立体。

（5）唇妆　保持唇部滋润，保证唇妆涂抹均匀。选择适合自己肤色的口红，提升整体气质。

图2-15　美容顾问妆容

（6）定妆　使用定妆产品，使妆容更持久，减少脱妆现象。

2. 妆容特点

（1）专业性　美容顾问的妆容应体现出专业素养，给人信任感。

（2）自然　妆容不宜过浓，保持自然、清新的妆感。

（3）亲和力　妆容要具有亲和力，让顾客感受到温馨、舒适。

（4）个性化　根据个人特点和场合需求，适当调整妆容，展现独特魅力。

（5）整洁　保持妆容整洁，避免出现晕妆、脱妆等情况。

3. 打造美容顾问规范妆容的建议

（1）选择适合自己肤色的化妆品，避免选择颜色过于夸张的化妆品。

（2）学会化妆技巧，如眼影晕染、眼线描绘等。

（3）定期修剪眉毛，保持眉形整洁。

（4）注重肌肤护理，保持良好的肌肤状态。

（5）观察时尚潮流，了解妆容趋势，不断提升自己的审美水平。

（6）实践中不断总结经验，找到最适合自己的妆容风格。

（五）美容护理人员妆容规范与特点

图2-16　美容护理人员妆容

美容护理人员的妆容不仅体现了个人形象，也代表了所在美容院或机构的形象。因此，遵守妆容规范和特点对于提升专业形象和顾客信任度都非常重要。美容护理人员妆容的一些基本规范与特点如下（图2-16）。

1. 妆容规范

（1）底妆　选择与肤色相匹配的粉底，打造自然、均匀的肤色。使用遮瑕产品遮盖瑕疵，但不宜过厚，保持肌肤的自然质感。

（2）眉毛　修整眉毛，保持眉形整洁。使用眉笔或眉粉轻轻填充，避免眉毛过于浓重，保持眉色自然。

（3）眼妆　眼影颜色以自然、柔和的颜色为主，避免使用过于鲜艳或戏剧性的色彩。眼线流畅，不宜过粗，以增强眼神而非过于突出。睫毛膏以自然卷翘为佳，避免使用夸张的假睫毛。

（4）腮红　选择自然的腮红色调，色彩不宜过重，以免显得过于浓艳。微笑时用腮红刷轻扫笑肌，增添面部生气。

（5）唇妆　保持唇部滋润，使用护唇膏打底并选择自然色调的口红，如裸色、粉色等，避免过于鲜艳或过深的唇色。

（6）定妆　使用定妆粉或定妆喷雾，保持妆容持久。

2. 妆容特点

（1）专业性　妆容应体现出专业美容护理人员的形象，干净、整洁、得体。

（2）自然性　妆容以自然为主，不过分夸张，符合美容护理人员的职业特点。

（3）亲和力　妆容应具有一定的亲和力，让顾客感到舒适和放松。

（4）适度性　妆容不宜过浓，避免给顾客造成距离感或不专业的感觉。

（5）整洁性　保持妆容整洁，避免出现脱妆、晕妆等情况。

3. 注意事项

（1）个人卫生　保持个人卫生，避免使用有浓烈气味的化妆品，以免刺激顾客嗅觉。

（2）服装搭配　妆容及妆色应与工作服装相协调，整体形象统一。

（3）定期更新　随着时尚潮流的变化，适当更新化妆技巧和产品。

三、身体清洁及要求

身体清洁是仪容礼仪不可或缺的一部分，是妆容礼仪的基础。通过遵循身体清洁的标准及要求，我们不仅能够保持良好的个人卫生，更能在社交场合中展现出优雅、专业的形象，体现对他人的尊重。

（一）身体清洁的重要性

身体清洁是维持良好个人形象的前提，它能够提升个人的自信心，改善人际关系；增强妆容的效果，使肌肤更加健康；预防皮肤病和身体异味，保持舒适感；体现个人修养和对生活的态度。

（二）身体清洁的标准及要求

1. 日常洗澡

（1）频率　根据季节、个人肤质、体质、活动量和生活习惯，保持定期洗澡的习惯。一般情况下，一周应洗澡2~3次，如当日出汗量较多，应当日洗澡；或者第二天有重要的活动，出于卫生要求，也应在前一天或者当日早起后洗澡，保持良好状态。夏季天气炎热易出汗，可增加每周洗澡的次数；冬季寒冷，皮肤易干燥，可减少每周洗澡的次数。

（2）方法　洗澡时的水温调整至略高于人体正常体温，控制在38℃左右即可，使用适合自身肤质和体质的沐浴露彻底清洁全身，特别注意脖颈、腋下、脚趾等易出汗部位。

（3）润肤　洗澡后根据需求涂抹不同效果的润肤乳，滋润肌肤，保持光滑。

（4）体味　洗澡后若仍留有体味，可使用除臭产品或者适量的香水来遮盖异味，味道以清新自然为佳。

2. 口腔卫生

（1）刷牙　每天至少刷牙两次，早晚各一次，刷牙时要按照规范，时间不少于3min。条件允许的情况下，午饭后也应该清洁口腔，保持口腔干净。

（2）工具　应在饮食过后或者定期清理牙间隙，及时清除软垢，预防口腔疾病。清理牙间隙选用牙线要好过牙签，因为牙线可以保护牙齿形态，且清理软垢更彻底。

（3）气味　要时刻保持口气清新。因食用气味刺激的食物引起的口腔异味，应及时使用口香糖、漱口水等去除异味；如长期口臭，要采取措施保持日常口气清爽，必要时可就医治疗。

3. 手部卫生

（1）洗手　饭前便后要洗手，尤其在对卫生条件要求比较高的情况下，如为顾客做美容护理前，应使用"六步洗手法"，使用香皂或洗手液进行清洁。

（2）修甲　定期修剪指甲，避免指甲受力不均导致劈裂。指甲过短会导致指甲、甲周疾病；指甲过长容易藏污纳垢；一般指甲长度保持在1～2mm为佳，有利于保护甲床，避免指甲内滋生细菌。

（3）护理　定期为手部进行脱屑、按摩、爽肤、润肤等护理项目，必要时敷手膜。通过手部护理收紧手部肌肤，增强皮肤弹性，保持皮肤光泽、细腻。

链接　六步洗手法

1. 环境要求　洗手环境宽敞明亮、有非接触式自来水龙头和齐腰高的水槽。

2. 洗手前准备　手部无伤口，剪平指甲；穿好洗手衣（或收好袖口），戴好口罩、帽子；备好洗手液（或肥皂）、干燥的无菌擦手巾。

3. 洗手步骤

第一步（内）：洗手掌，流水湿润双手，涂抹洗手液（或肥皂），掌心相对，手指并拢相互揉搓；

第二步（外）：洗背侧指缝，手心对手背沿指缝相互揉搓，双手交换进行；

第三步（夹）：洗掌侧指缝，掌心相对，双手交叉沿指缝相互揉搓；

第四步（弓）：洗指背，弯曲各手指关节，半握拳把指背放在另一手掌心旋转揉搓，双手交换进行；

第五步（大）：洗拇指，一手握另一手大拇指旋转揉搓，双手交换进行；

第六步（立）：洗指尖，弯曲各手指关节，把指尖合拢在另一手掌心旋转揉搓，双手交换进行。

在美容机构，美容师也会采用"七步洗手法"，是在"六步洗手法"基础上增加一步。

第七步（腕）：洗手腕、手臂。揉搓手腕、手臂，双手交替进行。

4. 注意事项

（1）彻底清洗戴装饰品的部位　要注意清洗戴戒指、手链、手表等其他装饰品的部位。因为手部戴上饰品后，会使局部形成一个藏污纳垢的"特区"，积攒细菌，影响手部卫生。

（2）时间"六步洗手法"要求每一步骤的揉搓时间均应大于15s。

4. 头发护理

（1）洗发　洗发的频率要根据自身体质和发质来定。一般来说，中性皮肤的人3天左右洗一次头发；油性皮肤和干性皮肤的人分别要缩短或延长1～2天。如果第二天有重要的交际应酬，应该在前一天洗发，不必拘泥于以上时限。洗发的水温控制在40℃左右，洗发剂要根据不同发质选用。洗完头发后，最好自然晾干，有益护发。

（2）梳发　梳发前应选用不会伤及头发和头皮的工具；梳发时力道不宜过猛，梳子与头发可形成一定角度，向某一个方向同向梳理。避免用手指抓挠头皮和头发，且梳发是一种私人行为，应避免公开操作。

（3）养发　养护头发应从调整或补充营养方面着手。例如，中国人的发色以黑为美，欲使头发乌黑发亮，适宜多吃富含蛋白质、维生素和微量元素的食物，尤其多吃坚果或黑芝麻等。

（4）护发　护发就是保护好头发，使头发或头皮免于接触强碱、强酸性物质，尽量防止头发长时间暴晒，并选择高质量的洗发护发产品。

5. 面部整洁

（1）洁面　每天早晚使用适合个体肤质的洁面产品清洁面部，清洁的程序要规范，注重细节，避免面部留有汗渍、油污、泪痕、眼部和唇部分泌物或者其他污秽的东西。在午休后、用餐后、出汗后、劳动后、外出后都应该即刻洁面，时刻保持清爽面容。洁面后还应根据肤质选择合适的护肤品，保持肌肤水油平衡。

（2）修饰　定期修剪或者遮掩好面部不雅的体毛（主要指鼻毛、耳毛、胡须等）。定期修剪眉毛，注意保持唇部干净温润，防止起皮干裂，影响形象。

第2节　着装礼仪

案例2-2

美容师小陈在接待重要客户林女士时，虽然穿着统一的制服，但衬衫袖口有明显污渍，裙摆也有轻微起球。服务过程中，林女士注意到小陈的制服领口处还有残留的粉底痕迹。尽管小陈的技术娴熟，但林女士全程显得心不在焉，最终婉拒了后续护理套餐的推荐。

问题：1. 小陈的着装在服务中存在什么问题？
　　　2. 此案例体现了着装礼仪的何种规范？

一、着装TPO原则

着装TPO原则，即着装要考虑到时间（Time）、地点（Place）、目的（Object）。着装选择要与这三要素相适应，即着装"恰当性"的体现。得体的着装是一种礼貌的体现，一定程度上影响人际关系的和谐，着装遵循TPO原则，可使穿衣打扮符合礼仪规范，显得大方得体、有教养。在遵循TPO原则的基础上，根据自己的年龄、体型、职业、审美标准等进行着装，能令人感到赏心悦目且富有个性魅力。

（一）时间原则与着装

时间原则要求人们在选择着装时要随着时间而变换，不同时代、不同季节对着装的要求和审美各有不同。一方面，着装要遵循一年四季的气候变化，符合季节的差异，与季节特点相匹配；另一方面，着装要体现时代发展的特色，与时代特色相契合。此外，着装的选择应当体现年龄以及昼夜的差别。例如，白天是工作时间，着装应选择大气、简洁的职业套装；晚上属于私人时间，着装根据自己喜好选择即可。

（二）地点原则与着装

地点原则要求人们选择着装时，根据特定的地点、特定的环境，穿着与之相适应、相协调的服饰。在严肃的工作场合，人们的着装应当以正装为主，色彩搭配上以黑色、蓝色、灰色等为宜，遵循整洁、端庄、稳重、美观的原则，体现工作的严谨性与专业性；在一般的工作场合，人们着装应自然、得体，给人以舒适感；在休闲场合，人们着装可以根据居家休闲、运动休闲、户外休闲等具体场景来搭配，以舒适为首选。美容从业人员在美容机构通常穿职业套装。

（三）目的原则与着装

人们选择着装，不仅为满足保暖、舒适等功能性需求，而且为了实现特定的意愿和目的。着装的选择应与个人的社会角色相适应，根据不同的社会角色、不同的交往对象选择得体的服饰。例如，在参加重要面试时，选择庄重得体的正装，如西装套装，既能体现对面试官的尊重，又有助于留下良好的第一印象，增加面试成功率。

二、服装色彩选择及搭配

（一）服装与色彩

人的视觉对色彩的感知最为敏感和迅速，因此服装的色彩能第一时间吸引人的注意，并给人留下深刻的印象。在人际交往中，有时人们还会根据对对方服装色彩的好感度，来决定是否与其进一步交往。因此，服装色彩选择需兼顾场景功能需求与美学规律。

（二）服装色彩的含义

色彩即颜色，可分为暖色调、冷色调、中性色调。暖色即红、黄和倾向于红黄，类似夕阳的颜色，这类颜色往往让人感觉温暖、舒适。冷色即蓝、绿和倾向于蓝绿，类似大海、湖水的颜色，这类颜色让人感觉平静、安宁。中性色属于冷暖色的过渡，不会给人明显的感觉。不同颜色代表不同含义，不同颜色的服装也会带给人不同的感觉。

1. 红色　红色代表热情洋溢、积极乐观，给人温暖、喜庆、正能量的感觉。红色的服装能够彰显朝气、活力、青春。例如我国国旗的颜色为红色，鲜艳、耀眼、富有生命力；在中国，红色也代表着吉祥、热闹、喜庆，过春节时，春联、窗花、灯笼、"福"字都以红色为主。

2. 黄色　黄色代表华贵、庄重、明媚、轻快、活泼，能够使人兴奋，带给人幸福、温暖、吉祥、希望的感觉。黄色的服装给人鲜艳、夺目感，辨识度高，能够快速引人注目，让人眼前一亮。

3. 蓝色　蓝色代表宁静、深邃、智慧，使人联想到大海和天空，带给人平静、辽阔、治愈的感觉。蓝色的服装搭配性强，夏秋冬都适宜。

4. 绿色　绿色代表生机与希望，让人联想到春天、草地与森林，是生命之色，绿色的服装带给人清新、恬静、舒适的感觉，让人显得年轻、活泼、富有朝气。

5. 黑色　黑色代表庄重、肃穆、严谨，属于百搭色。选择黑色的服装，在视觉上能够起到收缩的效果，即人们常说的"黑色服装显瘦"。黑色作为一种搭配色，使服装的配色显得更为突出和个性。在特定的场合，黑色也代表悲哀、恐怖，带给人阴森、害怕、凝重的感觉。黑色服装，根据场合的不同，意义不同。

6. 白色　白色代表纯洁、素雅、安静，使人联想到冰天雪地，带给人寂静、高雅的感觉，属于百搭色。白色的服装带给人洁白、典雅、素净的感觉。

7. 灰色　灰色代表朴实、庄重、可靠，带给人整洁、脱俗的感觉。灰色的服装，让人显得随和大方。灰色是一种过渡色，也能够和任何颜色进行多样性的搭配，通过色彩的搭配与调和，能够缓和对比色或冷暖色配色的视觉冲击。

（三）服装色彩的选择应考虑的因素

1. 服色与年龄　服装的选择和色彩的搭配要与个人的年龄相符合。年轻人在服装色彩选择上可选择鲜艳、靓丽的颜色，以此来展现青年人的朝气、青春和美好，但要避免各种颜色无规律搭配；老年人在服装色彩上可选择偏中性色调的颜色，避免过于艳丽，以展现成熟、稳重、端庄感。但无论是青年人还是中老年人，着装选择只要与自己年龄、气质等相适应都能展现自己独特的美。

2. 服色与体形　人们体形不同，服装选择和色彩搭配有所不同，应扬长避短。体形较为高大的人，在进行服装色彩搭配时，可考虑深色系服装、以单色为主，颜色过于鲜艳或者过于清淡都会有扩张感，显得体形更高、更大。体形较为矮小的人，在进行服装色彩搭配时，可以通过明亮的颜色来达到扩张感，显得体形高大一些。体形偏胖的人，在选择服装色彩时，可以选择深色，如黑色、深蓝色等，以达到收缩的效果，从视觉上缩小体形。体形偏瘦的人，可以选择偏明亮的颜色，如白色、橙色等，以达到扩张的效果，从视觉上扩大体形。

3. 服色与性格　不同色彩可以表现不同的性格，选择与自己性格相契合的颜色会让自己身心愉悦，更加舒服和自在。性格内向的人，在服装色彩选择上更加常规和理性，喜欢低调简单的颜色，如青、蓝、灰、黑等。性格外向的人，在服装色彩选择上更加夸张和大胆，喜欢明亮夺目的颜色，如红色、橙色、黄色等。

4. 服色与职业　职业不同对服装色彩设定不同。根据不同职业给人的印象特征来设定的服装颜色，如医生的服装颜色一般以白色为主；警察的服装颜色有藏蓝色、藏青色等；消防员的服装颜色有"火焰蓝"、橙色等；美容从业人员的服装颜色有白色、浅紫色、粉色等。

（四）服装色彩搭配方法

1. 同色系搭配 同一色但明亮度不同的颜色进行搭配，如深棕与浅棕、咖啡色与米白色、深红色与浅红色等。通过明暗交错的色彩搭配，实现和谐统一又有层次感的配色效果。同色系搭配的服装配色方法显得整个人形象柔和，给人以舒适感。

2. 近似色搭配 两种或者两种以上相近的颜色进行搭配，如绿色与黄绿色、橙红色与红色、紫色与紫红色、蓝色与湖蓝色等。通过多样且和谐的色彩搭配，实现个性灵动的配色效果。

3. 对比色搭配 两种或者两种以上对比的颜色进行搭配，如红色和绿色、紫色和黄色、蓝色与橙色等。通过醒目鲜活的色彩搭配，实现视觉冲击力强的配色效果。但在进行色彩搭配时，要注意整体的流畅性，将不同颜色的明亮度或者鲜艳度错开，避免突兀。

4. 主色搭配 整体配色中，一种颜色为主色，色彩面积大；其他不同颜色为点缀色，色彩面积小。例如选择一套深蓝色的套装，上装和下装的大面积颜色为深蓝色，但衣领处、袖口处以及搭配的饰品颜色各异，作为小面积色点缀整体服装色彩。这种使主色在面积占比上凸显优势的配色方式，能够使整个造型配色既统一又不单调，吸引眼球，让人眼前一亮（表2-1）。

表2-1 服装色彩搭配方法

项目	名称	内容
色彩搭配	同色系搭配	深棕与浅棕、咖啡色与米白色、深红色与浅红色，通过明暗交错的色彩搭配，实现和谐统一又有层次感的配色效果。
	近似色搭配	绿色与黄绿色、橙红色与红色、紫色与紫红色、蓝色与湖蓝色等。通过多样且和谐的色彩搭配，实现个性灵动的配色效果。
	对比色搭配	红色和绿色、紫色和黄色、蓝色与橙色等。通过醒目鲜活的色彩搭配，实现视觉冲击力强的配色效果。
	主色搭配	整体配色中，一种颜色为主色，色彩面积大；其他不同颜色为点缀色，色彩面积小，使整个造型配色既统一又不单调。

三、女性着装礼仪

（一）女性着装选择的方法

1. 根据体形选择着装 在选择着装时，要根据自己的体形来进行服装的选择和搭配以达到理想的效果。体形高大的女性在选择服装时，可以选择质地柔软的长裙或者圆裙，以展示身形高挑的优势；体形矮小的女性在选择服装时，可以选择短裙或者高腰的裤子，以拉长身材的比例，且避免过于宽松肥大的服装，以减少视觉上的扩张感；体形偏胖的女性在选择服装时，可以优先选择深色服装，从视觉上达到收缩的效果。如果体形圆润的女性脖颈比较粗，在上衣选择上，可以选择V领、U领或者荡领的衣服；若腿粗，可以选择长裙或者高腰的阔腿裤进行遮盖和修饰，避免穿紧身裤；体形偏瘦的女性，选择服装空间较大，宽松肥大、颜色鲜艳、图案丰富的服装都适宜。

2. 根据肤色选择着装 在选择着装时，也要根据自己的肤色来选择服装的颜色进行搭配，而不同服装的颜色能够对肤色起到不同的衬托作用。肤色白皙的女性可选择的服装颜色较多，因为白皙的肤色与大部分服装颜色都相衬，如选择浅色服装，肤色和服装色协调统一，视觉效果柔和，衬托出女性的温婉气质；选择深色服装，可与白皙的肤色形成对比，深浅色的视觉冲击，更能衬托出女性的五官印象，显得更有气质。肤色偏黄的女性在选择服装颜色时，不宜选择色彩鲜艳或者乌浊的颜色，如艳黄色、深褐色、灰色等，这些颜色会衬得肤色更加暗淡。肤色偏黑的女性在选择服装颜色时，以中性色调如烟灰蓝、军绿色、丁香紫等为佳，因上述颜色可提亮肤色。

3. 根据年龄选择着装　不同年龄阶段的女性有不同的审美，着装的选择应当考虑年龄特征，与自己的年龄相协调，如年龄段在20～30岁之间的女性在着装选择上，可以大胆自由地展现个人独特的魅力、青春和美好；年龄段在30～40岁之间的女性正在逐渐步入成熟，着装选择趋于稳重、端庄、大气，彰显成熟之美；年龄段在40～50岁之间的女性经过岁月的沉淀，女性独特的气质得以彰显，故在着装选择上应注重品质，服装质地上宜选择精致、垂坠感较好的面料。

（二）女性职业服的选择与搭配

1. 职业服的概念与特点　职业服一般指用于工作场合的团体化制式服装，是一种专为工作需要设计的服装。它具有以下特点。

（1）系统性　职业服作为团体化制式服装，具有统一的风格和设计。

（2）科学性　设计上考虑人体工学和功能需求。

（3）功能性　满足特定职业的工作需求。

（4）象征性　代表特定职业或行业的身份和特点。

（5）识别性　易于识别职业或行业。

（6）美学性　注重穿着的美观和协调。

每种职业服都有其特定的设计和功能，以满足不同行业和职业的需求。例如，职业时装更注重时尚和个性化，而职业防护服则侧重于安全和保护。这些服装不仅体现了职业的特点，还在一定程度上反映了行业文化和企业形象。

2. 职业服的选择

（1）面料选择　职业服的面料选择需要考虑工作环境、行业特点、舒适度、耐用性以及维护的便利性等因素。例如，美容行业从业人员穿着的职业套裙，应选择质地好的面料，如丝绸、亚麻、纯毛、毛涤等面料。常见的职业服面料有以下几种。

1）棉质面料：柔软舒适，透气性好，适合各种工作环境。棉质工作服易于打理，适合长时间穿着。

2）涤棉混纺面料：结合了棉的舒适性和涤纶的耐用性，提供更好的透气性和耐用性。

3）亚麻面料：舒适透气、吸湿性强、抗菌防臭、耐热性好，环保可持续。

4）纯毛面料：常用于高端商务装，手感细腻，颜色正，穿着舒适。但需要经常打理。

5）毛涤面料：商务工作服中使用较多，透气舒适，不易皱，但手感不及纯毛面料。

6）涤卡面料：全称涤纶卡其布，强度和耐磨性好，缩水率极低，成品外形不易走样。

7）纯棉帆布：手感厚实，织纹清晰，结实耐磨，适合做夹克。

8）丝绸：光滑、透气，适合制作夏季贴身工作服。

9）防静电面料：适用于医疗、电子等行业，减少静电对设备的影响。

10）阻燃面料：适用于化工等特殊行业，提供额外的安全保护。

11）防酸碱面料：适用于化工等特殊行业，有效防护化学品伤害。

（2）颜色选择　职业服的颜色选择需要考虑企业文化、行业特点以及所需的形象传达等因素。

1）传统行业（金融业、医药卫生行业等）：通常选择更为保守的颜色，如黑色、灰色、白色、深蓝色等，这些颜色传达出专业、稳重和权威的形象。

2）创意行业（广告设计业、时尚行业等）：通常选择较为鲜艳和个性化的颜色，如红色、紫色或粉色等。

3）技术行业（机电业、汽修业等）：通常选择蓝色、绿色或中性色调颜色。颜色可以传达出专业和技术导向的形象。

4）服务行业（健康服务业、餐饮业等）：通常选择温暖柔和且引人注目的颜色。以美容服为例，如果美容服是上衣和裙子的套装，颜色一般为米色、粉色、淡蓝色或柔黄色，色调统一，色彩搭配上深下浅或者上浅下深均可；如果美容服是单色套裙，可以采用主色配色的方式，通过不同饰品，如丝巾、手帕、胸花等颜色来点缀整体服装色彩，体现出美容从业人员的专业性和时尚感。

（3）款式选择　职业服的款式选择需要考虑行业规范、公司文化、穿着场合、职场形象等因素。

1）经典西装套装：经典西装套装是职场中最正式、最传统的着装选择。通常由一件剪裁合体的西装外套和一条相匹配的西裤或裙子组成。这类套装在金融、法律等传统行业中尤为常见，因为这些行业对专业性和权威性有着极高的要求。经典西装套装往往与严谨、保守的企业文化相匹配。它传达出一种稳重、可靠的形象，适合在正式会议、商务谈判等场合穿着。对于职场新人来说，一套得体的经典西装套装可以帮助他们迅速融入职场，展现出专业素养。随着时尚潮流的发展，经典西装套装在细节上做了些改变，如上衣的收腰设计、不同材质等，以提升套装的时尚感，同时保持其专业性。

2）行政套装：行政套装注重优雅与干练的平衡。其通常采用更为流畅的剪裁，以适应行政管理等需要频繁与人打交道的岗位。行政套装适合就业于注重形象、追求效率的企业的员工穿着。它既能够展现出穿着者的专业能力，又不会显得过于严肃，适合在日常办公、部门会议等场合穿着。行政套装的设计注重细节，如精致的纽扣、独特设计的领口等，这些细节不仅提升了套装的时尚感，也使得穿着者在职场中更加自信、从容。

3）商务休闲装：商务休闲是一种职场着装的风格，商务休闲装打破了传统职业装的束缚，注重舒适与得体的结合。这类着装通常包括针织衫、衬衫、休闲裤等单品，既保持了职业装的正式感，又增加了舒适度。商务休闲装适合就业于注重创新、追求自由的企业的员工穿着。它适合在非正式的商务会议、团队建设活动等场合穿着，能够营造出一种轻松、愉快的氛围。商务休闲装的设计多样化，可以根据个人喜好和场合需求进行搭配。例如，可以选择一件简约的针织衫搭配一条休闲裤，既显得随性又不失得体。

4）办公室休闲装：办公室休闲装是职场着装中最自由、最个性化的一种选择。它使得穿着者在保持职业形象的同时，展现出自己的个性和风格。这类着装通常包括T恤、牛仔裤、运动鞋等单品，适合在创意、科技等自由度较高的行业中穿着。办公室休闲装适合在日常办公、团队讨论等场合穿着，能够激发员工的创造力和积极性。办公室休闲装的设计注重个性化和舒适度。例如，可以选择一件印有有趣图案的T恤搭配一条牛仔裤，既显得时尚又充满活力。

（三）女性鞋袜的选择与搭配

在职场中，女性的鞋袜选择与搭配不仅是整体造型的重要组成部分，更是展现专业素养和时尚品味的关键。

1. 鞋子的选择与搭配

（1）经典高跟鞋　经典高跟鞋是职业套装的最佳搭档，尤其是黑色、裸色等基础色系的高跟鞋，能够与大多数职业套装完美搭配。高跟鞋不仅能够拉长腿部线条，还能提升整体气质，适合在正式会议、商务谈判等场合穿着。其中，尖头或者杏仁头、鞋跟高度在5～8cm之间的高跟鞋适合搭配职业套装的裤装；露出脚背的浅口高跟鞋能够增加腿部视觉长度，适合搭配职业套装的裙装。

（2）平底鞋　对于需要长时间站立或走动的职场女性，平底鞋也是一个理想的选择。乐福鞋、芭蕾平底鞋等款式既舒适又不失时尚感，适合在日常办公、出差等场合穿着。其中，皮质乐福鞋适合职业套装，干练又不失舒适；芭蕾平底鞋适合职业套裙，能够展现出柔美的一面，适合在较为轻松的办公环境中穿着。

（3）短靴　在秋冬季节，短靴是职业套装的好搭档。切尔西靴、踝靴等款式既保暖又时尚，适合在办公环境中穿着。其中，黑色或深棕色的切尔西靴搭配职业套装，稳重又不失时尚；踝靴搭配职业套裙，能够增加整体职业造型的层次感。

2. 袜子的选择与搭配

（1）丝袜　丝袜是职业套装和套裙的经典搭配，尤其是肉色和黑色丝袜，能够增加整体造型的精致感。丝袜不仅能够修饰腿部线条，还能提升整体气质，适合在正式场合穿着。

（2）裤袜　在寒冷的季节，裤袜是职业套装和套裙的理想选择。厚实的裤袜不仅保暖，还能增加整体造型的层次感，适合在秋冬季节穿着。选择深色裤袜，如黑色、深灰色等，能够与大多数职业套装和套裙搭配，显得稳重。

（3）短袜　在较为轻松的办公环境中，短袜可以成为职业套装和套裙的时尚点缀。选择与鞋子或套装颜色相呼应的短袜，能够增加整体造型的趣味性。

（四）女性饰品佩戴的原则与方法

1. 饰品佩戴原则

（1）数量原则　佩戴饰品时，数量不宜过多，佩戴过多饰品不仅不能彰显气质，起到点缀作用，反而显得庸俗累赘，欠缺美感。在佩戴饰品时，一般遵循"饰不过三"的原则，如同时佩戴耳饰、项链、戒指，就不要再搭配手镯、发带等其他饰品。

（2）质地原则　佩戴饰品时，在质地选择上遵循同质原则，如珍珠项链可以搭配珍珠耳饰或者珍珠手链，黄金项链可以搭配黄金手镯或者黄金戒指，木质项链可以搭配天然材质的耳饰或者手链等。

（3）色彩原则　佩戴饰品时，在色彩搭配上应当保持同色系配色。同时佩戴两件或者两件以上的饰品，要保持色调一致，避免突兀。除特殊需求外，如艺术造型创作、模特拍摄造型等，一般不建议搭配五颜六色的饰品。

（4）习俗原则　佩戴饰品时，佩戴者要尊重并遵守不同习俗。不同国家、民族、地区习俗不同，佩戴饰品的习惯也各有不同，如苗族同胞喜佩戴银饰；藏族同胞偏爱天然材质饰品等。

（5）时间原则　佩戴饰品时，佩戴者还需要考虑季节的变化。季节不同佩戴的饰品也不同，如夏季衣服比较单薄，质感比较轻，适合搭配简单、轻巧的饰品；冬季衣服比较厚重，可以搭配颜色较深、设计繁复、质感偏重的饰品。

2. 饰品佩戴方法

（1）戒指　佩戴戒指可以充分提升个人魅力，彰显个性。因此，戒指是人们常佩戴的饰品之一。戒指戴法不同，寓意也不同。按照中国人的习惯，订婚戒指佩戴在左手的中指上；结婚戒指佩戴在左手的无名指上；除此之外，戒指也代表着好运、幸福等吉祥的寓意。

（2）耳饰　佩戴耳饰增加女性形象的灵动感，彰显气质。耳饰的佩戴主要根据脸型进行选择。圆脸的女性，选择佩戴精致小巧且形状多直边的耳饰或者佩戴长度较长的耳链，通过直边和长边修饰圆润的脸型，避免佩戴宽大或者圆形的耳饰，会增加面部横向扩张感；方脸的女性，选择佩戴弧形线设计的耳饰，如弯月形、心形的耳饰，通过弧形线条弱化方脸的边角印象，且耳饰的长度不要与方脸的下颌处齐平，会加强方脸印象；倒三角形脸的女性，选择佩戴宽大的耳饰，形状最好是上窄下宽，类似于水滴型的耳饰，以此弱化过尖的下巴，使脸型线条显得更柔和；菱形脸的女性，选择佩戴长度偏长的耳饰，避免短小耳饰或者同是菱形的耳饰，会增加高颧骨和菱形脸印象；长脸的女性，选择佩戴短款耳饰，避免过长的耳饰显得脸型更长；椭圆脸是标准脸型，一般对耳饰的选择没有太多限制。

（3）项链　佩戴项链可以修饰脖颈以提升整体形象，颈长的女生适合佩戴短项链、宽项链或者颈链；颈短的女性适合佩戴长且设计简单的项链。但不论项链长短，都可以单戴或者叠戴项链，项链单戴简约精致，项链叠戴夸张个性。女性佩戴项链还需要注意两个方面：一是要与年龄气质相符合。年轻人可以选择款式新颖、设计感强的细项链；中老年人可以佩戴质地上乘、工艺精湛的项链，以天然材质为佳；二是要与服装面料和款式相适应。例如缎面长裙，搭配珍珠类、玉石类或真金类项链；麻料服装，搭配木质或天然石类项链；珠宝类项链搭配晚礼服；合金装饰类的项链搭配休闲装。

（4）胸针　佩戴胸针可以点缀服装，增加造型的设计感。胸针一般佩戴在礼服、套装、毛衣等衣服上面，但不宜搭配图案丰富、装饰性强的衣服。此外，胸针颜色的选择要考虑服装的色彩，避免同色系搭配，如金色胸针避免搭配黄色系服装，银色胸针避免搭配灰色服装等。

（5）丝巾　丝巾常用于搭配职业套装（裙），起到点缀的作用。女性挑选丝巾时，要考虑丝巾的颜色、图案等因素。颜色选择上，红色系丝巾可以衬托脸色，增加面部红润度，黄色系丝巾增加女性年轻化印象，且丝巾的颜色搭配服装色，也要避免同色系搭配。图案搭配上，带有图案、多色的丝巾搭配单一色的服装；无图案或浅图案、单色的丝巾搭配装饰性强、多色的服装。

（6）眼镜　佩戴眼镜在满足功能性的前提下还要注重装饰性，要考虑佩戴者脸型。圆脸的女性宜佩戴方形或者蝴蝶形镜框，从视觉上弱化圆脸和短脸印象；方脸的女性宜佩戴窄圆形的镜框，弱化脸方的印象；长脸的女性宜佩戴宽边镜框，弱化脸长的印象；菱形脸的女性宜佩戴圆形或窄方形的镜框，弱化脸型的棱角感或者加宽额长。

四、男性着装礼仪

（一）男士西装选择与穿搭

西装是男士职场穿搭的最佳选择，穿着西装显得男士认真严谨，充满自信，适合在比较正式和重要的场合穿着。

1. 西装颜色　西装颜色的选择是整体着装风格的基础，不同颜色的西装适合不同的场合，同时传递出不同的气质与态度。

（1）黑色　黑色西装是男士衣橱中不可或缺的单品，它象征着庄重、正式与权威。黑色西装适合出席婚礼、葬礼、晚宴等正式场合，同时也是商务会议中的安全选择。搭配白色衬衫和黑色领带，可以营造出经典的正式造型。

（2）深蓝色　深蓝色西装是商务场合的常见选择，既不失正式感，又比黑色更具亲和力。深蓝色西装适合日常办公、客户拜访以及半正式活动。搭配浅蓝色或白色衬衫，可以展现出专业与稳重的形象。

（3）灰色　灰色是介于黑色与白色之间的中性色，穿着灰色西装适合出席多种场合。深灰色西装适合正式场合，而浅灰色西装则更适合休闲或半正式活动。灰色西装搭配白色或浅蓝色衬衫，可以营造出优雅且不失活力的风格。

（4）棕色　棕色西装近年来逐渐流行，适合休闲或半正式场合。深棕色西装适合秋冬季节，搭配同色系的衬衫或针织衫，可以展现出温暖与成熟的魅力。浅棕色西装则更适合春夏季节，搭配白色衬衫，显得轻松自然。

（5）其他颜色　藏青色、酒红色等也是男士西装的常见颜色。藏青色西装适合商务场合，酒红色西装则适合晚宴或派对等社交活动。需要注意的是，过于鲜艳的颜色（如亮黄色、荧光绿）不适合正式场合，容易显得不够庄重。

2. 西装面料　西装面料是决定西装品质与风格的核心要素。优质面料不仅赋予西装良好的穿着体验，更能体现穿着者的品位与身份。

（1）面料成分　西装面料的主要成分包括羊毛、羊绒、棉、麻、丝及混纺等。其中，羊毛是最优质的西装面料原料，具有天然的弹性、保暖性和抗皱性。羊绒则更为珍贵，其保暖性是羊毛的八倍，多用于制作高定西装。丝绸面料光泽优雅，多用于制作宴会装或礼服，但不易打理。棉麻面料透气性好，多用于制作夏季西装，但易皱且缺乏垂感。优质西装面料通常采用天然纤维混纺，如羊毛与羊绒混纺，能很好地提升面料品质。

（2）性能特点　不同场合对西装面料的性能要求不同；正式场合需要挺括有型的面料，如精纺羊毛面料；休闲场合则更适合柔软舒适的面料，如粗纺羊毛面料。不同季节对西装面料的性能要求也不同；夏季宜选择轻薄透气的面料，如高支棉麻面料；冬季则需保暖性好的面料，如羊绒混纺面料。

3. 西装内搭　西装内搭是整体造型的重要组成部分，既能提升层次感，又能展现个人风格。

（1）衬衫　衬衫常用于搭配西装。衬衫的颜色可以和西装的颜色形成深浅对比，既能凸显造型，也能增强气质；衬衫的颜色也可以与西装颜色同色系，搭配出深沉、成熟的风格。格纹衬衫也常用于西装内搭，条纹或格子衬衫适合半正式或休闲场合，可以为整体造型增添趣味性，条纹或格子的颜色应与西装颜色协调，避免过于花哨。衬衫的领型也是搭配西装时需要考虑的因素。标准领是最常见的领型，适合大多数场合；温莎领适合搭配宽领带，适合正式场合；小方领则更适合休闲场合。

（2）针织衫　针织衫是秋冬季节西装内搭的理想选择，既能保暖，又能增添层次感。V领针织衫适合搭配衬衫和西装，既能展现衬衫的领口，又能增加整体造型的层次感；选择与西装颜色相近的针织衫，可以营造出和谐统一的风格。圆领针织衫适合休闲场合，可以直接搭配西装，无须内搭衬衫；选择纯色或简单图案的针织衫，可以避免过于随意。开衫针织衫适合半正式场合，可以内搭衬衫，外搭西装；选择轻薄的面料，避免显得臃肿。

4. 西装穿着注意事项

（1）合身是关键　西装的合身度直接影响整体效果。肩线应贴合肩膀，袖长应露出衬衫袖口1～2cm，裤长应刚好触及鞋面。过于宽松或紧身的西装都会显得不够得体。

（2）扣子的系法　西装扣子的系法也有讲究。单排扣西装分为两粒扣排列和三粒扣排列，为表示正式庄重，男士穿着单排扣西装为两粒扣式的，可只系上第一颗纽扣，三粒扣式的西装则需要系上靠上的两颗纽扣或者中间的一颗纽扣；穿着单排扣西装站立时应系上扣子，坐下时解开。双排扣西装则应始终系上扣子。

（3）口袋的使用　西装的口袋应以简洁为主，避免塞满物品。上衣口袋可以放置口袋巾，但不宜放置手机或钱包。裤子口袋也应尽量少放物品，以保持裤型。

（4）保持整洁　西装的整洁度直接影响整体形象。穿着前应确保西装无皱褶、无污渍，衬衫应熨烫平整。

（5）拆除商标　新西装穿着前，一定要将袖口的商标拆除。

（二）男士职场穿搭单品

1. Polo衫　Polo衫的制式分为宽松、半拉链、复古撞色、复古翻领等版型。宽松版Polo衫以简约、低调、质感佳为特点，适合初入职场的男士穿着，既能体现成熟稳重，又能展现活力；半拉链Polo衫高级感强，采用耐磨抗撕裂的面料，适合追求质感的职场商务人士；复古撞色Polo衫，设计感强，以宽松的运动版型为特点，面料舒适，适合偏休闲的场合；复古翻领Polo衫，颜色多样，透气舒适，十分百搭，适合夏季休闲职场穿着。

2. 领带　领带是职场男性提升整体造型精致度的重要配饰，领带是西装的灵魂。正式场合下穿西装必须配戴领带。领带搭配是一门艺术，搭配考虑的元素包括颜色、材质、图案、尺寸等。

（1）颜色　在公务场所，男士可选同色系或近似色的领带与西装的配色方法；在社交场合，男士可选领带和西装的对比色配色方法，即深色西装搭配浅色领带或浅色西装搭配深色领带，这样搭配使得社交造型既精致又不失活泼。

（2）材质　领带的材质直接影响其质感与垂感，不同材质的领带适合不同的场合与季节。真丝是最常见的高端材质，具有光泽感与垂感；真丝领带质地柔软，打结后线条流畅；佩戴真丝领带是出席商务与社交活动的理想选择。羊毛领带适合秋冬季节，质地厚实且保暖，搭配粗呢西装或大衣，适合休闲或半正式场合。亚麻领带适合春夏季节，质地轻薄且透气，搭配浅色西装或休闲西装，适合度假或休闲场合。棉质领带质地柔软且价格亲民，搭配牛仔衬衫或休闲西装，适合日常休闲场合。混纺领带结合多种材质的优点，如真丝与羊毛的混纺，既保留了光泽感，又增加了厚度，实用性强，适合多种场合。

（3）图案　领带的图案常见有条纹、波点、几何图案、印花等。条纹领带适合商务场合，可以为整体造型增添层次感；选择细条纹领带显得精致，宽条纹领带则更具个性。波点领带适合半正式场合，可以为整体造型增添趣味性；小波点显得低调，大波点则更具视觉冲击力。几何图案领带为整体造型增添亮点，适合创意场合；但注意图案的选择与西装或衬衫颜色相近的图案，避免过于花哨。印花领带为整体造型增添个性，适合休闲场合；选择小面积印花显得低调，大面积印花则更具艺术感。

（4）尺寸　领带的尺寸虽然没有固定要求，但领带的宽度和长度是搭配的重要因素。标准的领带宽度为8～9cm，适合大多数场合；宽度在5～7cm之间为窄领带，适合休闲场合，宽度在10cm以上为宽领带，适合正式场合。领带的宽度应与西装的翻领宽度协调。领带的长度应以下缘刚好触及腰带为宜，过长或过短都会显得不够得体。标准的领带长度为145～150cm，适合大多数男士。

3. 皮鞋

（1）款式　常见的男士皮鞋款式有牛津鞋、德比鞋、孟克鞋、乐福鞋等，其中，牛津鞋适合搭配正式西装，适合商务会议、正式晚宴、婚礼等场合；德比鞋适合搭配休闲一点的西装，适合日常办公或参加半正式活动的场合；孟克鞋较适合搭配介于正式西装和休闲西装的半正式西装，适合商务场合或者正式晚宴；乐福鞋适合搭配休闲西装，适用于休闲场合或娱乐活动。搭配西装时，皮鞋材质以真皮为首选，因为真皮皮鞋具备良好的透气性和耐用性。

（2）颜色　男士皮鞋以黑色、灰色、棕色、卡其色、蓝色等为主，经典且百搭。一般来说，黑色西装搭配黑色皮鞋经典百搭，展现出男士的稳重和庄重气质，同时也具有时尚感；灰色西装搭配棕色皮鞋既不失庄重感，又显得年轻、时尚，适合追求个性和独特的年轻男性；蓝色西装搭配棕色皮鞋给人一种温文尔雅的感觉，且棕色皮鞋又增添了一份沉稳和成熟；卡其色西装搭配白色皮鞋彰显年轻活力。

4. 配饰　男士的配饰是整体着装中不可或缺的细节。通过合理选择与搭配腰带、袜子、手帕、袖扣、领带夹、手表、公文包等，不仅能够为造型增添细节与层次感，还能展现个人品味与风格。

（1）腰带　腰带是男士正装中不可或缺的配饰，它既能固定裤子，又能为整体造型增添亮点。腰带的颜色以黑色和棕色为主，黑色腰带是常用的西装配饰，适合搭配黑色、深灰色或深蓝色西装，适合正式场合；棕色腰带适合搭配棕色、米色或卡其色裤子，适合休闲或半正式场合；还有诸如深蓝色、酒红色等颜色的腰带适合创意场合，但注意应与领带、鞋子等其他配饰的颜色相协调。腰带的材质以皮革和帆布为主，皮革腰带是最常见的配饰选择，光面皮革适合正式场合，磨砂皮革则适合休闲场合；帆布腰带适合休闲场合，适合搭配牛仔裤或休闲裤。

（2）袜子　男士袜子的选择主要考虑颜色和材质因素，影响着整体搭配效果。深色袜子，如黑色、深蓝色、深灰色袜子适合正式场合，搭配深色西装与皮鞋；如酒红色、墨绿色袜子适合休闲场合，可以为整体造型增添趣味性；带有图案的袜子，如条纹、波点或几何图案的袜子适合创意场合，但注意与整体造型协调。棉质袜子透气且舒适，适合日常穿着；羊毛袜子适合秋冬季节，保暖且厚实。男士选择袜子应注意长度要足够长，确保坐下时不会露出腿部皮肤。

（3）手帕　手帕是西装口袋中的点睛之笔，能为整体造型增添优雅与个性。白色手帕是经典选择，适合正式场合；彩色手帕适合休闲或创意场合，可以为整体造型增添亮点。不同场合佩戴手帕的折叠方式也不同：一字折手帕适合正式场合，显得简洁大方；三角折手帕适合休闲场合，显得优雅且有个性。

（4）袖扣　袖扣是男士正装中的精致配饰，适合搭配法式袖口衬衫。金属袖扣，如银质、金质等,适合正式场合,显得高贵典雅;宝石袖扣适合晚宴或派对,显得奢华且有个性。简约设计的袖扣低调内敛;富有创意的袖扣可以为整体造型增添趣味性。注意袖扣的颜色应与手表或其他配饰协调,避免过于复杂。

(5)领带夹　领带夹是固定领带的实用配饰。金属领带夹适合正式场合,显得精致且低调;皮革领带夹适合休闲场合,显得轻松自然。领带夹应佩戴在衬衫第四颗纽扣的位置,长度不应超过领带宽度。注意领带夹的颜色也应与手表或其他配饰协调,避免过于突兀。

(6)手表　手表是男士最重要的配饰之一,它不仅是计时工具,更是个人品味的象征。男士手表主要有正装表、运动表和智能表。正装表,如简约表盘搭配皮质表带的表,适合正式场合,显得优雅且低调;运动表,如具备多种功能且表体为复合材质的表,适合休闲运动场合,显得活力且有个性;智能表适合日常办公或休闲场合,实用且现代。选择手表的风格应与整体造型协调,正装场合选择简约款式,休闲场合选择运动或智能款式。

(7)公文包　公文包是商务男士的必备配饰,它不仅是实用工具,更是职业形象的体现。皮革公文包适合正式场合,显得专业且稳重;帆布公文包适合休闲场合,显得轻松自然。男士公文包的颜色以黑色和棕色为主,黑色公文包是经典选择;棕色公文包温暖且有个性,注意公文包颜色应与鞋子、腰带协调,避免过于突兀。

第3节　表情礼仪

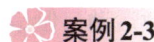

案例2-3

小刘是一位才华出众的美容师,在一家顶级美容院担任资深美容顾问。她以精湛的技艺和亲切的微笑赢得了众多客户的喜爱。然而,小刘的微笑有时不够自然,给人一种刻意的感觉。

一天,美容院迎来了一位新客户赵女士,她对于美容服务的体验非常看重。美容院希望小刘能以其专业的服务和温暖的微笑,给赵女士留下美好的印象。在服务过程中,小刘虽然一直保持着微笑,但她的微笑显得有些僵硬,不够真诚。

赵女士注意到了小刘的微笑,感觉她的笑容并不自然,这让她在享受服务时感到有些隔阂。尽管小刘的技术和服务流程都无可挑剔,但赵女士在护理过程中始终无法完全放松,最终对此次服务的满意度打了折扣。

问题:1.小刘为什么在服务中受到客户的冷遇?
　　　2.此案例体现了微笑礼仪的何种要求?

一、笑的礼仪

(一)微笑在美容服务中的作用

1. 微笑可以增加自信　微笑使人充满自信和力量,能够改变人的面部表情,使其看起来更加友好、自信和乐观。当我们在微笑时,我们的身体会释放出一系列有益的化学物质,如多巴胺和内啡肽,这些物质帮助我们改善心情,调节情绪,增强我们的自信心,使我们相信自己的能力和价值。在美容服务中,微笑能够传达真诚、友善的态度,工作人员的微笑能够让顾客感受到其专业性和对服务的热情,从而增强顾客对工作人员的信任,更愿意接受她们的建议和推荐,同样这种接受和肯定也能增强服务人员的自信心。

2. 微笑可以促进交流　在人际交往和工作当中,只要双方中有一方面带微笑,就很少会产生双方面红耳赤、暴跳如雷的画面。微笑有助于减弱陌生感,拉近人与人之间的距离,促进工作人员和顾客之间的沟通交流。当我们以微笑面对顾客时,顾客更愿意去表达自己的需求和需要,而工作人员也能够更精准地理解并满足顾客的需求,促进有效沟通。

3. 微笑可以增值服务 美容服务从本质上讲，是一种放松身心的体验，顾客是为了追求美与享受。而微笑可以激发体内的积极情绪，是一种增值服务和评价。当顾客走进美容机构时，工作人员的微笑能够营造出温馨、友好、热情的氛围，让顾客感受到被欢迎和被重视，促使顾客更愿意去享受整个服务的过程。美容服务最终目的是让顾客满意，工作人员的微笑可以让顾客感受到友好、真诚，提升顾客的满意度。

4. 微笑可以创造效益 美容行业竞争激烈，优质服务至关重要，而发自内心的微笑，又是其中的关键。美容机构的品牌形象不仅取决于其产品和质量，还取决于工作人员的态度表现。如果一个美容机构品牌做得很好，但其工作人员每天愁眉苦脸、唉声叹气，可能给整个机构带来不良影响。因此，工作人员的微笑是品牌形象的重要组成部分，它能够传递品牌的至诚理念、专业性、亲和力和关怀精神，从而吸引更多的顾客，提升品牌的知名度和美誉，最终形成一种不可替代的竞争力。

（二）微笑礼仪的具体要求

1. 微笑的标准 微笑的标准因文化、个人习惯、情境的不同而有所差异。我们可以通过微笑的程度、微笑的时机和场合等来进行判断。

（1）微笑的程度 根据微笑程度不同，我们可以把微笑分为轻微微笑、标准微笑、灿烂微笑。轻微微笑时，口角肌上提，带着浅浅的笑意，在美容服务工作时距离顾客较远，或者对陌生人点头问好时可以表现这种微笑，这种微笑可能只涉及口角的轻微运动，但是足以表达友好的态度。标准微笑时，口角明显上扬，形成一个可见的弧度。微笑时口角周围肌肉、颧骨周围肌肉同时运动，伴随着嘴角的微弯，面部会出现一些细微的皱纹。这种微笑，通常会更加自然和真诚，能够传达出更多的愉悦、友善的情绪，适用于大多数的社交场合。在美容服务工作当中，工作人员距离顾客3m左右时，就可以表现这种微笑。灿烂微笑时，口角大幅度上扬，露出6~8颗牙齿，口角周围肌肉、颧骨周围肌肉、眼周肌肉同时运动。这种笑特别能够传达情绪，迅速拉近人与人之间的距离，表达极高的热情和友好（图2-17）。

图2-17　灿烂微笑

（2）微笑的时机和场合 微笑的时机并不是一个固定的、准确不变精确到秒的时刻，而是取决于具体的情境、交流的对象和所要传达的信息。其中，存在普遍适用的原则和情境，可以帮助我们去判断微笑的最佳时机：一是双方初次见面时，一个友好的微笑可以迅速地破冰，拉近彼此的距离。作为美容从业人员，在与顾客初次见面时，一个微笑可以让顾客感到热情友善；二是双方在交流过程中，适当的微笑可以表达兴趣、赞同和鼓励，使交流更加有效和顺畅，特别是当对方讲述有趣或感人的事情时，内心希望得到另一方正向的反馈，微笑就是一种积极的反馈，表示对方有在认真倾听；三是缓解双方尴尬或表达歉意时。在工作当中我们难免会出现一些尴尬或失误的时刻，一个微笑就可以缓和气氛或表达歉意，让双方都能够感到舒服和自在；四是人们表达友好善意和鼓励支持时。无论是在日常生活还是在工作当中，无论是对待陌生人还是亲朋好友，一个真诚的微笑都可以表达出我们的友好善意，也能够给别人带来信心和力量。

2. 微笑的眼神 微笑时，眼神至关重要，它不仅能够增强微笑的感染力，而且能够传递更多的情感和信息。首先，目光要友善。人们在微笑的同时保持与对方眼神的接触，其间，眼神要柔和、亲切、自然、能够流露出真诚，并且要保持正视对方，不可左顾右盼、心不在焉。如果一个人只是露齿微笑，而不配合眼神，会显得不自然和虚假。其次，微笑时要注意目光注视的时间。

个人在社交场合与人交谈时，自己的眼睛注视对方眼睛的时间控制在5~7s，此后目光迅速转向对方面部再继续交谈较为适宜。因为长时间注视对方，可能会让对方心里产生压力并感到不适。最后，微笑时要避免出现不屑、魅惑、蔑视、傲慢等不好的眼神，这些眼神会向对方传达出不尊重、不友好或者挑衅的信息。

3. 微笑的技巧

（1）放松面部肌肉　微笑时放松面部肌肉是展现自然真诚笑容的关键。通过深呼吸放松全身肌肉，包括面部以及局部肌肉如额头、眼部、脸颊、嘴唇等，将注意力集中在微笑上，自然而然地发出微笑。这样做可以调整心态，保持轻松愉快的心情，避免过度紧张导致面部表情僵硬。

（2）保持眼神配合　微笑时的眼神应当充满友善和温暖，让对方感受到真诚和友善，而不是冷漠、轻蔑或挑衅。微笑时，眉毛和眼睛应当保持自然舒展，不要皱眉或者瞪眼。双方在眼神交流时也要注意观察对方的反应和情绪变化，一方如果感受到对方的反感或者不适的情绪，应当及时调整自己的眼神表达和微笑方式。

（3）控制笑容幅度　微笑时控制笑的幅度是个人展示优雅、自然、真诚笑容的关键。灿烂微笑通常露出6~8颗牙齿，嘴角上扬的幅度自然，传达出个人的真诚和自信，不给对方带来压迫感。笑容幅度的控制还需要根据具体场合的需要，避免产生过于夸张或者不自然的笑容。如在一个严肃的会议场合，别人发言时，不要突然露齿大笑。

4. 微笑的训练方法

（1）对镜训练法　训练者保持衣着整洁、心情愉快地端坐或者站立镜子前，放松面部肌肉，深呼吸或者静心3s后开始微笑：双唇轻闭或者微张，嘴角微微翘起，面部肌肉逐渐舒展。对镜训练法要求眼神的配合，以实现眉舒眼笑的效果。微笑时注意观察镜中自己的嘴角、眼睛和额头的变化，不断调整笑容的幅度，找到适合自己的最佳微笑。微笑训练时，训练者也可以播放一些节奏欢快的背景音乐，有助于放松训练过程。

（2）心理暗示法　训练者在每天起床或者入睡前对自己进行积极的心理暗示，如"我拥有一张迷人的笑脸""我是一个开朗乐观的人""我每天都很开心""我的笑容给别人带来了快乐"等积极的心理暗示，以此来增强自己的自信心和愉悦感，使微笑由心而生，自然真诚且持久。心理暗示法有助于训练者调整心态，由内而外地散发出快乐和自信的气息，并自然而然地反应在面部，形成迷人的微笑。

（3）情绪诱导法　训练者通过寻求外界的刺激来形成自然的微笑，如翻看喜欢的照片、聆听喜欢的音乐、观看喜欢的电影或者回忆一段愉快的往事等。训练者会在这些过程中得到愉快的体验，引发积极的情绪，从而自然而然地展现微笑。情绪诱导法有助于训练者快速调整情绪状态并展现出自然微笑，这种方法适用于面对压力、挑战时难以展现自然微笑的人。

（4）含箸法　训练者选择一根洁净、光滑的圆柱形筷子，用上下切牙咬住筷子，观察自己的嘴角是否高于筷子，在咬住筷子时，尽量使嘴角最大限度地上扬，此过程中训练者可以用双手的食指或中指轻轻按住嘴角向上推，以辅助完成这个动作。在保持嘴角上扬的状态后，训练者轻轻拿下筷子并注意观察自己的表情及面部状态，确保露出8颗上牙。拿掉筷子后，训练者可尝试保持这种微笑状态，并对着镜子观察自己的面部表情和状态，如果不满意，可以重新咬住筷子再次调整，通过反复练习，逐渐找到适合自己的微笑方式。

（5）笑声瑜伽法　笑声瑜伽法也称大笑瑜伽或者欢笑瑜伽，是一种结合笑声和瑜伽呼吸的健身方式。训练前，训练者需要先对身体和心灵进行放松，创造舒适的空间，使笑声的训练更为流畅。训练时，训练者可以通过观看一段喜剧或者搞笑视频，大声地笑出来并发出"哈哈哈""呵呵呵"的声音，让笑声带动笑脸肌肉的活动。笑声瑜伽促进内源性、愉悦性化学物质即多巴胺的释放，使训练者的心情更加愉悦和畅快。这种方法不仅有助于训练微笑肌肉，还能够让训练者的身心得到真正的放松和快乐。

（6）观摩欣赏法　训练者可以邀约几个比较亲近的朋友聚在一起互相观摩、讨论、交流、鼓励或分享开心的事情来训练微笑。训练者通过微笑互相传递友好和善意，增强彼此之间的信任，把精彩美好的瞬间留存在记忆当中，需要时再反复回味当时的快乐，便能由衷地露出微笑。

二、注视礼仪

在人际交往中，人与人的交流以眼神交流为起点，在交流过程中，也要不断地用眼神表达自己的情感和情绪并时刻注意对方的目光，了解其内心感受。目光的运用是否得当，会影响双方沟通的流畅性，感情表达是否到位。因此，注视礼仪在人际交往中扮演着重要的角色，它不仅能够体现个人修养，还能够有效促进双方的交流与沟通、建立信任。不同场合、不同情境，目光注视的要求不同。

（一）注视类型与适用场合

1. 公务注视　公务注视适用于较正式的场合，如商务谈判、重要会议等，注视的焦点集中在对方的眼部或者双眼与额头之间的区域。这种注视方式能够显示出注视者的严谨、认真和专注。

2. 社交注视　社交注视适用于各种社交场合，如聚会、宴会等，注视的区域为对方眼睛至嘴的三角区域。这种注视方式有助于营造轻松、友好的氛围，促进交往对象彼此间的交流和互动。

3. 亲密注视　亲密注视适用于亲人或恋人之间。注视的区域为双眼到胸部以上范围。这种注视方式有助于表达双方彼此之间深厚的情感，如爱意或亲密感等，是建立和维护亲密关系的重要方式之一。

4. 随意注视　随意注视适用于非正式场合，如闲聊、散步时都可以使用这种注视方式。随意注视的焦点并不固定，会随着谈话的内容和氛围有所变化。因此，这种注视方式体现出一种轻松自在的交流状态。

（二）注视部位

"注视部位"是指个体在观察或注视某个对象时，将其目光或者视线集中的区域或者范围。这种区域或者范围是任何可能吸引观察者注意力的地方，如面部、眼睛、嘴巴、身体等。注视的部位遵循"近观三角，远观全身"的总体原则。

1. 眼睛　眼神交流是沟通中非常重要的一个环节，它可以建立联系、表达情绪等。长时间的注视会让对方感到不适，因此，在注视对方眼睛时，采用"三角注视法"，即注视对方的双眼至额头之间的三角区域，或者是双眼至肩膀的区域。此区域可以与对方保持眼神交流的同时又不会使对方感到压力。不同文化对眼神交流有不同的看法和习惯。

2. 面部　双方在比较轻松休闲的社交场合交流时，可以偶尔将视线从对方的眼睛或者鼻子、嘴巴等区域移开，并扫视对方面部的其他部位，如眉毛、耳朵等。这种不经意的视觉转移可以让人的注视显得更加自然，能够使对方既感到重视，又不会产生心理压力。

3. 身体　当双方的社交距离稍远时，一方的注意力会集中在对方的全身上下，如手的姿势、脚的动作等，通过仔细观察这些部位，能够发觉对方更多的非语言信息，如激动、紧张、兴奋等。

（三）注视角度

1. 平视　平视是指交流双方视线处在同一水平线上，彼此正视对方。平视通常适用于身份地位相当的人进行平等的交流和来往。平视传达出一种互相尊重、平等真诚的态度，有利于建立和谐的人际关系，也是日常生活当中使用最多的一种注视视角。

2. 仰视　仰视是指注视者将视线从比较低的位置向上看向对方。仰视一般适用于长辈、上级或者权威人士身上，表达注视者的谦逊和对对方的尊重、敬仰之情。在某些情况下，过度仰视也可能被视为卑微或者是谄媚，所以要根据具体的情况来调整自己的目光和注视视角。

3. 俯视 俯视是指注视者将视线从比较高的位置向下看向对方。俯视可表达长辈对晚辈的怜爱、宽容，若身份地位相当时，俯视便传达出轻蔑、歧视和傲慢的态度。因此，使用俯视特别需要注意场合和对象，避免给人留下不良印象。

4. 侧视 侧视是指注视者视线从侧面看向对方，而不是正面直视。侧视通常含有轻蔑不敬或回避的意味。在人际交往中，侧视往往被视为不礼貌或不尊重的行为，容易引发误解和冲突，因此尽量避免侧视。

（四）注视礼仪的注意事项

1. 适当分配注视时间 在交谈过程当中与对方目光接触的时间应占到全部交谈时间的50%～70%，其余时间可注视对方脸部以外的地方，全程保持自然、有礼貌的交流状态即可。需要注意的是避免长时间的凝视，不要将视线长时间固定在对方的眼睛或者某一个地方，会让对方感到不自在，甚至带来压迫感，从而影响人际交流和来往，注视者应及时转移视线，如看向周围的环境以缓解紧张的气氛。

2. 结合肢体语言 在注视他人的同时，可以结合肢体语言来增强交流的效果。例如注视者全程保持微笑，通过微笑来传达友好和善意，或者适时地点头示意，表示对对方谈话内容的赞同，让人有继续交流的欲望。在特定对象面前，注视者的身体可以微微倾向对方，表示对对方的尊重和关注。

3. 避免不良注视 在交流过程中，注视者要集中注意力，不要左顾右盼或东张西望，这会被对方视为心不在焉或不感兴趣甚至不尊重对方。不要俯视、侧视、斜视对方，无论何时都要保持自然、真诚的态度，不要眼神飘忽不定、目光呆滞或者刻意、做作地注视对方。

4. 缓解尴尬场景 在人与人交流过程中难免会发生尴尬的情况。当对方因为说错话或者不自然的动作而感到尴尬时，自己可以用善意、亲切、柔和的目光继续看向对方，给予对方适当的鼓励和支持，以此来缓解尴尬情绪。当自己因为说错话或者其他原因感到尴尬时，也可以自然而然微笑着看向对方或者用自嘲、转移话题等方式来缓解气氛，以此保持注视者自信和从容的态度。

目 标 检 测

一、单项选择题

1. 根据不同场合选择合适的发型，如正式场合可选择盘发或束发，休闲场合可适当（　　）。
   A. 放宽　　　　　　B. 严谨
   C. 庄重　　　　　　D. 修饰

2. 整体妆容完成后，要在（　　）下检查妆容是否均匀，是否有遗漏或不自然的地方。
   A. 自然光　　　　　B. 白炽灯光
   C. 柔光　　　　　　D. 强光

3. 工作时，女性可选择西装套裙，但西装套裙对裙长的要求较为严格，一般而言，裙长长度怎么选择为宜？（　　）
   A. 选择膝盖以上
   B. 选择到脚踝的长度
   C. 选择过膝至小腿腿肚的长度
   D. 选择膝盖以下

4. 在佩戴首饰时，对佩戴的数量是有一定要求的，一般遵循什么原则？（　　）
   A. "多多益善"的原则　　B. "饰不过三"的原则
   C. "饰不过五"的原则　　D. "朴实无华"的原则

5. 在各种社交场合，如茶话会、聚会、宴会，使用的注视方式我们称之为？（　　）
   A. 公务注视　　　　B. 亲密注视
   C. 随意注视　　　　D. 社交注视

6. 注视礼仪在人际交往中扮演着重要角色，它不仅能体现个人的修养与礼貌，还能有效促进交流与沟通、建立信任。一般而言，我们在与人的交谈中，注视应当占到整个交谈的多长时间？（　　）
   A. 50%～70%　　　　B. 60%～70%
   C. 70%～80%　　　　D. 80%～90%

二、多项选择题

1. 通过遵循身体清洁的标准及要求，我们不仅能够保持良好的个人卫生，更能在社交场合中展现出（　　）的形象。

A. 优雅 B. 保守
C. 特殊 D. 专业

2. 底妆打理时，根据肤色选择合适的粉底色号后需要进行（　　）操作。
A. 打粉底 B. 遮瑕
C. 涂口红 D. 定妆

3. 微笑在美容服务中的作用？（　　）
A. 微笑可以增加自信 B. 微笑可以促进交流
C. 微笑可以增值服务 D. 微笑可以创造效益

4. 以下哪些属于西装穿着注意事项？（　　）
A. 拆除商标 B. 熨烫平整
C. 扣好纽扣 D. 少装东西

（寇晶堃　王　景　吴金溪）

第3章 仪态礼仪

学习目标

1. **素质目标** 培养得体优雅的行为姿态，塑造良好的美容职业形象。
2. **知识目标** 掌握美容从业行为举止的礼仪规范，熟悉日常生活中的举止礼仪和禁忌。
3. **能力目标** 具备将仪态礼仪应用到美容服务工作中的能力。

第1节 站 姿

案例3-1

李女士，45岁，企业高管，经常光顾一家高端美容院进行皮肤护理。小王是该美容院的一名资深美容师，负责为李女士提供服务。然而，李女士发现小王在服务过程中站姿不够优雅，有时甚至显得懒散，总在等待时候或者不经意间放松站姿，塌腰叉脚，这让她觉得小王的专业素养不足，给李女士在整个美容服务体验中留下不好的印象。

问题：1. 美容师小王应该如何调整自己的站姿才符合美容师的专业礼仪要求？
2. 美容师小王应该如何训练自己的站姿？

一、站姿标准

站姿是一个人站立的姿势，是人们平时所采用的一种静态的身体造型，同时又是其他动态的身体造型的基础和起点，最易表现人的姿势特征。站立姿势是每个人全部形态的核心。

标准的站姿能体现出人的稳重、端庄和挺拔，显示出一种静态美，它是培养优美体态的基础，也是其他动作动态美的基础和起点。站立时，应当挺胸收腹，双眼平视前方，下颌微收，双臂自然下垂，其要领如下。

挺：站立时身体各部位要尽量舒展挺拔，做到头平、颈直、肩平、背挺。
直：站立时躯干尽量与地面保持垂直，注意收颌、挺胸、收腹、夹腿、提臀。
高：站立时身体的重心要尽量提高，即昂首、提气、直腰、绷腿。
稳：站立时两腿绷直，膝盖放松，主要体现在脚和腿上。

二、常用站姿

（一）常用站姿

站姿不仅要挺拔，而且要优美。根据双脚和双手并放的方式，可以将常用的站姿分为以下四类。

1. 侧立式站姿 脚掌稍微分开，脚跟靠拢双膝并拢，双臂自然垂于体侧，手指自然弯曲，手掌轻轻贴在大腿两侧或者微微弯曲（图3-1）。

2. 前腹式站姿 此站姿男女通用。脚掌分开，左脚稍微前迈呈"丁"字形，脚跟并拢，双膝并严，双手相交轻握于小腹处（图3-2）。

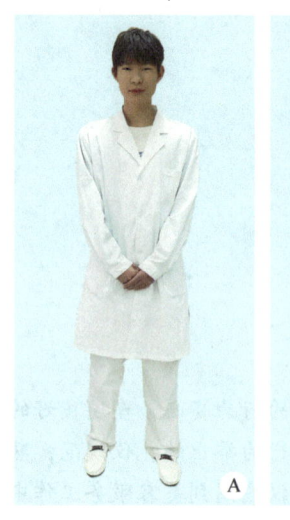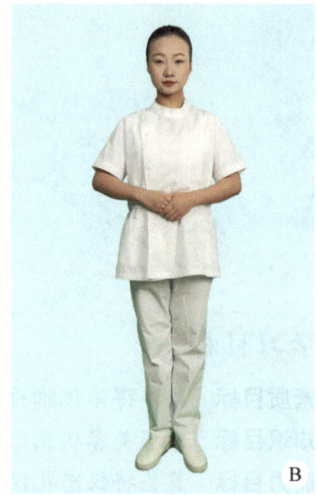

图3-1 侧立式站姿　　图3-2 前腹式站姿（男、女）
　　　　　　　　　　A. 男士前腹式站姿；B. 女士前腹式站姿

3. 后背式站姿 此站姿男士常用。双脚分开，比肩宽略窄，两脚平行，双手手背轻握放于腰处（图3-3）。

4. "丁"字形站姿 此站姿限女士使用。一脚在前，脚尖向外略展开，形成斜写的一个"丁"字，双手在腹前相握，身体重心在两脚上（图3-4）。

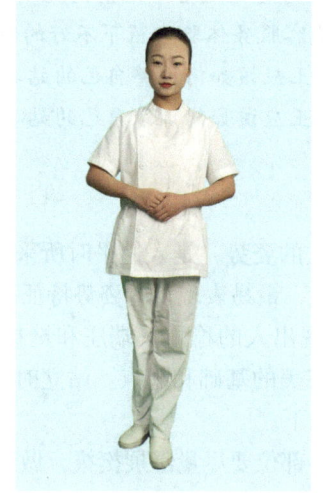

图3-3 后背式站姿　　图3-4 "丁"字形站姿

（二）站姿五要素

1. 头正 头部保持正直，双目平视，嘴唇微闭，下颌微收，面部平和自然。

2. 肩平 双肩放松，稍向下沉，身体有向上的感觉，呼吸自然。

3. 臂垂 双臂自然垂于体侧，手指自然弯曲，手掌轻轻贴在大腿两侧或者微微弯曲。

4. 躯挺 胸膛挺起，腹部内收，腰部直立，臀部向上并向内。

5. 并腿 双腿并拢直立，双脚脚跟紧靠，脚尖分开，呈"丁"字形。通常女士分开45°，男士分开45°～60°，不超过肩宽。

三、训练方法及注意事项

（一）训练方法

1. 靠墙法 站立者将头部、背部紧贴墙壁，脚跟尽量靠近墙壁，靠墙站立，收紧腹部核心肌肉，均匀呼吸，使头、肩、臀、腿、脚跟之间纵向呈直线。这种训练方法可以训练身体的直立感和稳定性。

2. 双腿夹纸法 站立者站于平坦的地面上，双脚并拢或稍微分开与肩同宽，双手自然下垂于身体两侧或者双手叉腰以辅助身体保持平衡，在大腿之间夹一张薄纸，若于训练初期可以夹一本书，以降低难度，全程收紧大腿肌肉，确保纸张或者书本在站立过程当中不会掉落，保持这个姿势站立，同时使身体其他部位同样保持直立和稳定。站立者要呼吸均匀，不要憋气。可重复训练。注意在夹纸站立的过程当中，站立者要保持身体平衡，避免因为纸张或书本的干扰而失去平衡，随着训练的深入和腿部肌肉控制力的提升，可以减少纸张或书本的厚度，尝试在不夹任何东西的情况下保持正确的站姿。

3. 头顶书本法 头顶书本站姿训练是一种简单有效的训练方法，可以帮助改善站立者站姿，增强肩部、颈部的稳定性并调整体态。站立者选择一本合适的书，不能太重也不能太轻，以便书在头上保持平衡，双脚并拢或稍微分开，与肩同宽，收紧腹部核心，避免弯腰或驼背，将书本轻轻放在头顶上，用双手辅助稳定书本后，逐渐松开双手，注意书本要放置在头部的正中央，避免书本向前或向后倾斜。训练时，站立者全部注意力集中在书本和身体平衡上，不要紧张，保持自然。

4. 瑜伽山式法 瑜伽山式法是一种经典的站姿训练方法。站立者站立时脚底需要与地面保持接触，形成强有力的根基支撑，身体重心整体垂直向下，保持足弓上提，同时大腿内侧肌肉收紧并上提，臀部肌肉收紧，稳定髋关节。在进行这种站姿训练时，站立者需要调整骨盆位置，避免骨盆前倾或者后倾。

5. 对镜练习法 站立者面对镜面，按照标准，检查自己的站姿及整体形象，检查是否存在歪头、耸肩、含胸驼背等问题并及时调整，反复训练，查看自己的不足之处。

（二）注意事项

1. 站立时要端正，不能头歪、肩斜、臂曲、胸凹、腹凸、背弓、臀撅、膝屈或双手插在口袋里。这些动作给人一种敷衍、轻蔑、漫不经心、懒散懈怠的感觉。

2. 两脚叉开不能过大，若站立过久，双腿可适当叉开，但不要过宽，尤其是女士。

3. 站立时手脚不能随意乱动或下意识地做小动作，如玩弄衣服、咬手指甲、用脚尖点地等，这些动作不但显得站立者拘谨、怯懦、浮躁，而且给人缺乏信心和经验的感觉。

4. 站立时不能随意扶、拉、倚、靠、趴、蹬、跨，显得站立者无精打采，自由散漫。

第2节 坐 姿

一、坐姿标准

坐姿通常是指人在坐着时的姿态。坐姿端庄，不仅给人文雅、稳重、冷静、沉着的感觉，而且能展现良好的自我气质。

（一）基本标准

美容专业人员坐姿总的要求是端庄、稳重、自然、大方。

入座时，走到座位前面再转身，转身后右脚向后退半步，然后轻稳坐下。

入座后，上身自然挺直，双肩平正放松，立腰、挺胸，双手放在双膝上或两手交叉半握放在腿上，也可小臂平放在椅子或者沙发扶手上，或两臂微屈放在桌上，掌心向下，两腿自然弯曲，双腿平落在地上，双脚应并拢或稍稍分开。女士双膝必须靠拢，脚跟也靠紧，臀部坐在椅子的中央（男士可坐满椅面，背部轻靠椅背），双目平视，嘴唇微闭，微收下颌，面带笑容。

离座时，右脚向后收半步，而后直立站起，收回右脚。

标准的坐姿一般要兼顾角度、深浅、舒展等三方面。

1. 角度 角度即人在坐定后上身与大腿、大腿与小腿、小腿与地面形成的角度。角度不同，坐姿不同。上身与大腿、大腿与小腿呈直角时，即为正坐，适合正式场合。正坐时，双手掌心向下，叠放于大腿之上，或放在身前的桌面上，或双手一左一右，扶住座位两侧的扶手。

2. 深浅 坐下的深浅指的是臀部与座位接触的面积。标准坐姿要求坐椅子的2/3，避免久坐导致的身体不适。深坐即将身体重心向后靠，基本坐满座位，腿部自然摆放。在较为正式的场合，或有长者在座时，适合浅坐，即不坐满座位，身体不靠着座位的背部，坐时应占据座位1/2～2/3的位置。

3. 舒展 舒展即入座前后，手、腿、脚的舒张和活动程度。舒展与否，往往与交往对象相关，可间接反映双方关系。当面对尊长时，双腿应并拢。男士就座后双腿可张开一些，但不应宽于肩。

（二）常见坐姿

1. 标准式 抬头收颌，挺胸收肩，两臂自然弯曲，两手交叉叠放在身前，并靠近小腹。两膝并拢，小腿垂直于地面，两脚尖朝正前方。着裙装的女士在入座时要用双手将裙摆内拢，以防产生皱褶或者因裙子折起而使腿部裸露过多（图3-5）。

2. 前伸式 在标准坐姿的基础上，两小腿向前伸出，两脚并拢，脚尖不要翘（图3-6）。

3. 前交叉式 在前伸式坐姿的基础上，右脚后缩，与左脚交叉（图3-7）。

4. 屈直式 右脚前伸，左小腿屈回，大腿靠紧，两脚前脚掌着地，并在一条直线上（图3-8）。

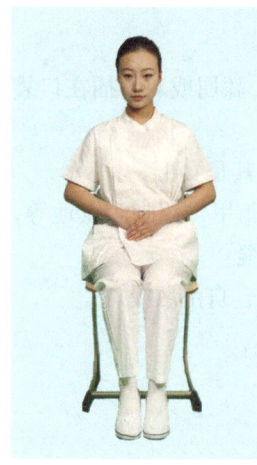  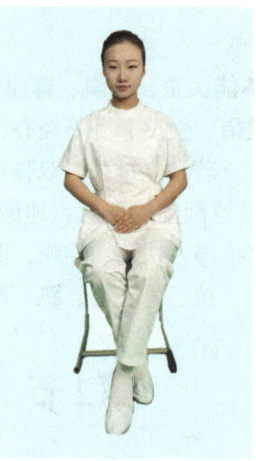 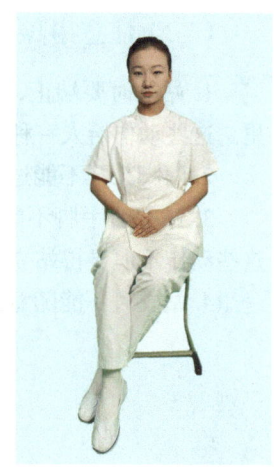

图3-5　标准坐姿　　　　图3-6　前伸式坐姿　　　　图3-7　前交叉式坐姿　　　　图3-8　屈直式坐姿

5. 后点式 两小腿后屈，左脚在前，脚掌着地，右脚在后，脚尖点地，双膝并拢，双手交握在身前（图3-9）。

6. 侧点式 两小腿向右倾斜，两腿并拢，右脚跟靠拢左脚内侧，头和身倾向左斜。大腿和小腿要呈90°，小腿要充分伸直（图3-10）。

7. 侧挂式 在侧点地基础上，右小腿后屈，脚绷直，脚掌内侧着地，左脚提起，用脚面贴住右踝，膝和小腿并拢（图3-11）。

8. 重叠式 也称二郎腿或标准式架腿。它在正式礼仪中通常不推荐使用，因为该姿势既不得体也不利于健康。它是在标准式坐姿的基础上，两腿向前，一条腿提起，腘窝落在另一腿的膝关节上边。注意上边的腿向里收，贴住另一腿，脚尖自然向下。重叠式分为正身、侧身之分，手部可交叉、托肘、扶把手等多种变化（图3-12）。

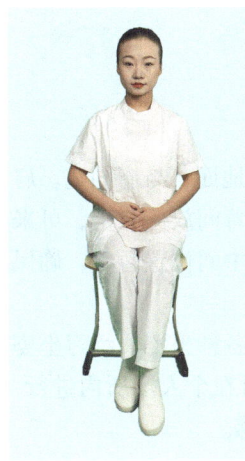 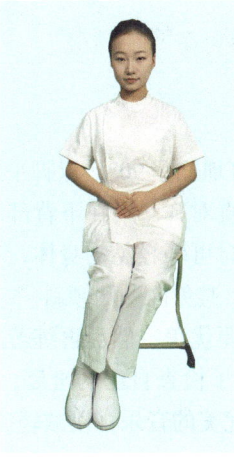  

图3-9　后点式坐姿　　　图3-10　侧点式坐姿　　　图3-11　侧挂式坐姿　　　图3-12　重叠式坐姿

9. 男士坐姿　男士坐姿强调动作的潇洒大方、刚毅洒脱，可略随意些。双膝、双脚一般情况不必并拢，而略微分开，以显示阳刚之美。男士标准式坐姿要求上身正直挺立，双肩平直，双手放在两腿或扶手上，双膝分开，小腿垂直落于地面，两脚自然分开成45°（图3-13）。

二、入座、离座标准

入座也称就座，即从走向座位直到坐下的这一过程，是坐姿的前奏，也是坐的重要组成部分。入座由一系列过程构成，其中的各个环节均有规范。

（一）注意顺序

与他人一起入座时要讲究先后顺序，礼让尊长。入座时合乎礼仪的顺序有两种：一是优先尊长、职位高者，即请长者、尊者首先入座；二是同时入座，适用于平辈之间或与亲友、同事之间。无论如何，抢先入座都是失态的表现。

图3-13　男士标准式坐姿

（二）讲究方位

不论是从正面、侧面还是从背面走向座位，都须从左侧一方入座，从左侧一方离开，即"左进左出"原则，正式场合一定要遵守。

（三）落座无声

入座时，切勿争抢。在入座的整个过程中，不管是移动座位还是坐下，都不应发出嘈杂的声音，应该不慌不忙，悄无声息地入座。若中途离座、调整坐姿时，同样也不宜发出声音。

（四）入座得法

入座时，应转身背对座位。如果距离座位较远，可将右脚后移半步，待右腿部接触座位边缘后，再轻轻坐下，坐在座位的2/3处。着裙装的女士入座时，通常应先用双手摆平裙摆，随后再落座。

（五）离座谨慎

在要离开座位时，为尊重他人，离座时要缓慢，不要突然起身，以免惊吓到别人。不要发出声响，或者在起身时把身边的东西碰落到地上，要起身站稳后方可离去。

三、训练方法及注意事项

（一）训练方法

在训练时，膝关节要保持90°的弯曲，小腿垂直地面呈90°，双脚平放于地面，与肩同宽。肩胛骨保持向下，从侧面看，肩关节与髋关节保持垂直对齐。可在下背部和椅背间放一只手，可来回滑动，确保背部挺直且与椅背保持一定距离。坐时可轻轻晃动身体，在正中间位置暂停，确保正确坐在坐骨上方。身体重量均匀分布在两侧臀部，避免向一侧倾斜。

坐姿需反复练习，关键在于上身要挺直，腿姿要优美，然后再练习其他各种坐姿。练习坐姿时最好是在形体训练场内进行，坐在镜子前对着镜子检查自己的坐姿，也可在个人场所内进行，训练者之间相互指导、纠正。训练时可配上舒缓、优美的音乐，以减轻疲劳感。

（二）注意事项

不良的坐姿不仅影响坐姿的美观，而且影响身体的发育与形体的美观。要坚决避免以下几种不良坐姿。

1. 就座时前倾后仰，或是歪歪扭扭，脊背弯曲，头过于向前伸，耸肩。
2. 两腿叉开或完全伸出去，萎靡不振地瘫坐在椅子上。
3. 入座后随意挪动椅子，跷腿坐，腿部摇晃。
4. 坐在椅子边上，身体前倾地与人交谈。
5. 大腿并拢，小腿分开，双手放在臀下，脚不停抖动。
6. 就座时，手不停地摆弄如头发、手指、戒指等或玩手机。
7. 女士入座时，露出衬裙。

第3节 行　　姿

案例3-2

张女士，60岁，某单位退休人员，到某美容院做皮肤护理，美容师孙某为其进行服务。孙某是一位工作不到两年的年轻美容师，性格开朗、活泼爱动，工作期间走在走廊上也总是蹦蹦跳跳、手舞足蹈。张女士撞见后，认为孙某的举止与一名美容师应有的端庄稳重的礼仪标准不符，要求调换美容师。

问题：1. 孙某应该如何做才符合美容师举止礼仪的要求？
　　　2. 孙某应该如何训练自己的举止礼仪？

行姿，也称走姿，是指人在行走过程中所形成的姿势。行姿自始至终体现人的动态之美和精神风貌。行姿属于人的全身性活动，其重点在于行进中的脚步。行姿的总体要求是轻松、矫健、优美、匀速。

一、行姿标准

（一）基本标准

行走时，应以正确的立姿为基础，兼顾以下六个方面（图3-14）。

1. 全身伸直，昂首挺胸 行走时，面朝前方，双眼平视，头部端正，胸部挺起，背部、腰部、膝部避免弯曲，使全身呈一条直线。

2. 起步前倾，重心在前 起步行走时，身体应稍向前倾，重心落在反复交替移动的前脚脚掌上，使身体随之向前移动。当前脚落地，后脚离地时，膝盖一定要伸直，踏下脚时再稍松弛，并立刻使重心前移。

3. 脚尖前伸，步幅适中 行进时，向前伸出的那只脚应保持脚尖向前，不要向内或向外，同时还应保持步幅大小适中。步幅是指行进中一步的长度，通常步幅应为一脚之长，即行走时前脚脚跟与后脚脚尖间距为一脚长。

4. 直线前进，自始至终 行进时，双脚行走的轨迹，大体上应当为一条直线，同时要克服身体左右摇摆，并使腰部至脚部保持直线移动。

5. 双肩平衡，两臂摆动 行进时，双肩、双臂都不可过于僵硬呆板。双肩应当平稳，两臂应当自然，一前一后有节奏地摆动，不可双手横摆或同向摆动，摆动时，掌心向内，手掌向下伸直，摆动的幅度以30°左右为佳。

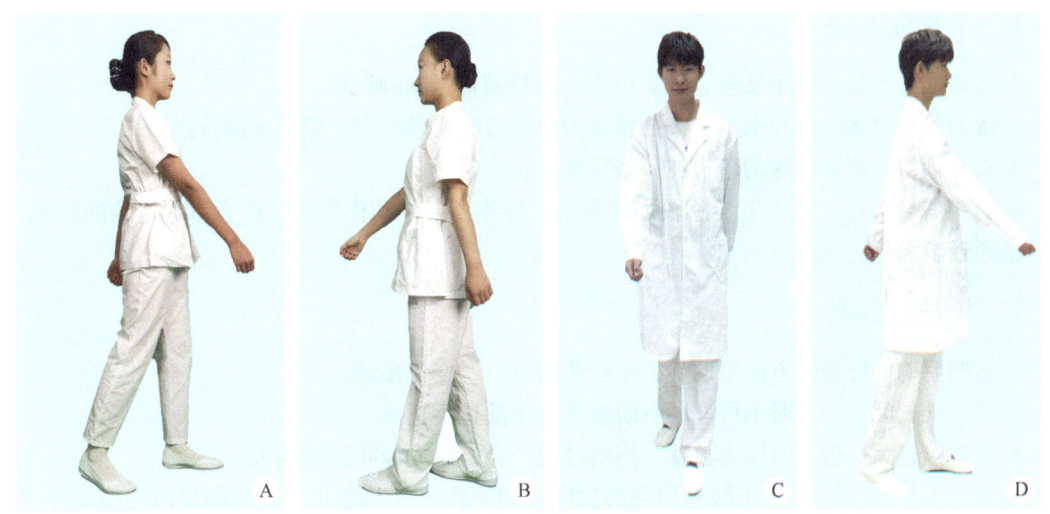

图3-14 基本行姿
A.女士右侧行姿；B.女士左侧行姿；C.男士正面行姿；D.男士侧面行姿

6. 全身协调，匀速前进 行走时，速度要均匀，要有节奏感。全身部位协调、配合，轻松、自然。

（二）美容从业人员不同场所步行标准

美容从业人员在工作岗位上的行姿应轻盈、灵敏，给人以轻巧、美观、柔和之感，显示出美容从业人员端庄、文静、优雅、健美和富有朝气的气质。

1. 漫步 漫步又称散步，是一种休息方式，其表现形式是随意行走，一般不受时间、地点、速度等条件限制，但应避免在人多拥挤的道路上漫步，以免妨碍他人。

2. 上下楼梯

（1）单行单走 上下楼梯时，行人应单行单走，不宜多人并排而行。

（2）右上右下 上下楼梯时，行人应靠右侧行走，即右上右下，将自己左侧的通道留出，方便有急事者快速通过。

（3）带路在前 上下楼梯时，为人带路，应走在前面，不应位居被引导者之后。

（4）注意安全 上下楼梯时，行人要留心脚下，注意安全，避免交谈，更不要站在楼梯上或楼梯转角处进行长谈而妨碍他人通过。

（5）避免闪失 与长者、异性一起下楼梯时，若阶梯过陡，行人应主动走在前面，以防身后之人出现闪失。

（6）谨防碰撞　上下楼梯时，行人不仅要注意台阶，还要注意与身前、身后之人保持一定距离，以防碰撞。

除此之外，还要注意上下楼梯时的姿势和速度。不管自己的事情多紧急，上下楼梯时都不得推挤他人，不可坐在楼梯扶手上快速滑下，也不可快速奔跑。

3. 通过走廊　走廊虽有室内走廊与露天走廊之分，但行走礼仪却基本相近。

（1）单排行进，即行人主动行于右侧，这样即使有人从对面走来也互不相扰。

（2）若是在仅容一人通过的走廊上与对面来人相遇，则行人应面向墙壁，侧身相让，请对方先通过。

（3）缓步轻行，悄然无声，切勿快步奔走，大声喧哗。

（4）循序而行，不可跨越栏杆，或行于其上。

二、训练方法及注意事项

（一）训练方法

1. 练习腰腿力量　双手叉腰，正步出脚，脚背绷直，踮脚行走。

2. 练习颈背挺直　头顶书本，按照腰腿力量练习的要求练习，但不踮脚行走。

3. 直线训练　两脚内缘的落点在一条直线上。

4. 行姿综合训练　配上节奏感较强的音乐，身体各部位动作协调，注意掌握走路的速度、节拍，做到轻步无声。

（二）注意事项

1. 方向明确　行走时方向要明确，不可忽左忽右，变化多端。

2. 忌瞻前顾后　行走时不可左顾右盼或者身体乱晃不止。

3. 忌声响过大　行走时用力过猛，声响过大，会妨碍或惊吓到其他人。

4. 忌"八"字步态　行走时忌用两脚尖向内构成内"八"字步，或两脚尖向外构成外"八"字步。

第4节　蹲　姿

蹲姿是人的身体在低处取物、拾物时所呈现的姿势，它是人在处于静态立姿时的一种特殊情况。蹲的风度是"蹲要雅"，即蹲姿动作要美观，姿态要优雅。

一、蹲姿标准

（一）基本标准

蹲姿要优美、典雅，其基本要求是：一脚在前，一脚在后，两腿紧靠下蹲；前脚全脚掌着地，后脚前脚掌着地，脚跟抬起，臀部向下。蹲下后，抬头，双眼平视前方，下颌收进，挺胸收腹，双肩平衡外展，双手叠放于右侧大腿前1/3处（图3-15）。

（二）蹲姿的种类

1. 高低式蹲姿　是常用的一种蹲姿。下蹲时右脚在前、左脚稍后，两腿靠紧向下蹲。右脚全脚掌着地，左脚脚跟提起，前脚掌着地。左膝低于右膝，左膝内侧靠于右小腿内侧，形成右膝高、左膝低的姿态，臀部向下，左腿支撑身体。

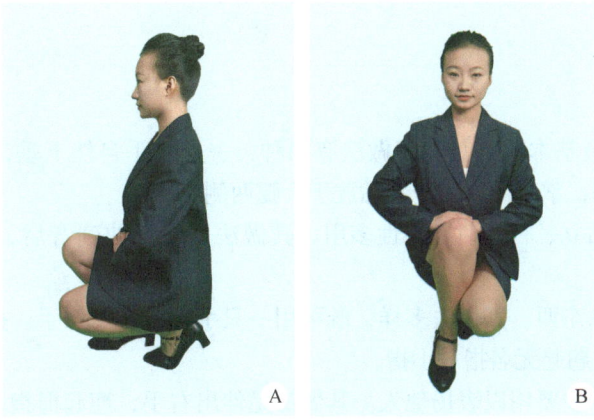

图 3-15　基本蹲姿
A. 蹲姿侧面；B. 蹲姿正面

2. 单膝式蹲姿　是一种非正式的蹲姿，多用于下蹲时间较长或为了用力方便时采用的姿势。下蹲后，下蹲者右膝点地，臀部坐在脚跟上，以脚尖着地，另一条腿全脚撑着地，双膝同时向外，双腿尽力靠拢。这种蹲姿多适用于男士。

3. 交叉式蹲姿　是一种优美典雅的蹲姿，如集体合影前排需要蹲下时，女士可用交叉式蹲姿，即下蹲时右脚在前、左脚在后，全脚着地，左膝由后面伸向右侧，左脚跟抬起，前脚掌着地，两腿靠紧，合力支撑身体。臀部向下，上身稍前倾。

二、训练方法及注意事项

（一）训练方法

在站姿的基础上，右脚稍后退约半步，单膝点地或双腿一高一低，两膝紧靠，女士左手持平裙摆，身体下蹲，用右手或双手从正面或侧面拾取物品。男士蹲姿的基本要领是两腿适度分开，臀部向下，基本上以后腿支撑身体。训练时，可两人一组相互检查，练习蹲姿，也可结合所学的站、行姿进行连贯练习。

（二）注意事项

1. 保持距离　下蹲时，应与身边的人保持一定距离，避免面对或背对他人下蹲，造成对他人不尊重的印象。

2. 避免不雅姿势　避免下蹲时双腿平行叉开，内衣露出；避免下蹲时低头、弯背或弯上身、翘臀部，特别是女性，不要在公共场合蹲在凳子或椅子上。

3. 避免突然下蹲　不要突然下蹲，给他人造成不便。

第5节　手　　势

案例 3-3

张先生是一位销售经理，在一家高端美容产品公司任职。一次，公司迎来了一位重要客户赵女士，她对美容产品的品质和服务体验有着极高的要求。公司希望张经理能以其专业的知识和出色的销售能力，给赵女士留下深刻的印象。在会面过程中，张经理为赵女士介绍公司各项业务，在介绍时，频繁使用手势，导致赵女士略微感到不适，且过频的手势也使赵女士无法安心听取张经理讲话的内容，使此次会面的效果大打折扣。

问题：1. 张经理在介绍项目时候的手势出了什么问题？

2. 这则案例体现了手势礼仪注意事项里的哪一项？

一、常用手势

（一）基本手势

1. 垂放 垂放是最基本的手势。其做法有两种：一是双手自然下垂，掌心向内，相握于腹前；二是双手伸直下垂，掌心向内，分别贴放于大腿两侧。

2. 背手 多见于站立、行走时，男性多用。其做法是双臂伸到背后，双手相握，同时昂首挺胸。

3. 持物 即用手拿东西。其做法多样，既可用一只手，也可用双手。持物应动作自然，五指并拢，用力均匀，不应翘起无名指与小指。

4. 夸奖 这种手势主要用以表扬他人。其做法是伸出右手，翘起拇指，指尖向上，指腹面向被称赞者。交谈时，不应将右手拇指竖起来反向指向他人，因为这种手势意味着自大或蔑视。

（二）常用手势语

1. 招手致意 目视对方，面带微笑，右臂向前方伸直或适度弯曲，右手掌心向外，左右轻摆两下，适用于向距离较远的熟人或者同事打招呼。

2. 拱手问候 拱手礼分为传统和简易两种形态类别。传统拱手礼动作要领：两手掌微微弯曲，叠合于胸部以上的身体前方，左手压右手（女子右手压左手）双手离身体10～30cm，两肘抬起，双手与小臂形成一个拱形。简易拱手礼的动作要领：一只手的四指向内弯曲，拇指尖轻按在食指的第二关节上，另一只手抱之，双手举于胸部以上的身体前方，双手离身体10～30cm，两肘不抬或者微抬。简易拱手是现代常见的拱手形态。商务场合，主要用于向人表示祝贺，与人见面时表示恭敬，向人表示感谢等。

3. 合十感谢 双手十指相合于胸部正前方，五指并拢，指尖向上，手掌上端大体与鼻尖持平，手掌在整体上向外侧倾斜。这种手势可以在多种场合使用，特别是在商务场合，它可以避免身体的直接接触，是一种以更为温和的方式表达尊重对方的交流方式。

4. 举手赞同 手臂轻缓地由下而上，向侧上方伸出，手臂可全部伸直，也可弯曲。用于表示招呼或者赞同的意思。

5. 鼓掌称赞 多用于会议、演出、比赛或迎候嘉宾时表示欢迎、赞赏、鼓励等意。鼓掌时双手掌心相对，手指自然弯曲，手掌相互交替击打，力度适中，节奏均匀，自然、热烈；一般3～5s为宜，且不应戴手套。

（三）注意事项

1. 区域性差异 不同国家、地区、民族，甚至性别等，由于文化习俗的不同，手势的含义也千差万别，甚至同一手势表达的含义也不尽相同。例如，"OK"手势一般表示"认可、没问题"的意思，但在有些国家或者地区，这个手势代表"零"或者"毫无价值"。

2. 宜少不宜多 手势宜少不宜多。多余的手势会给人留下装腔作势、缺乏涵养的感觉。

3. 避免不礼貌和不雅动作 有些手势会让人反感，严重影响形象。例如用手指指人、当众挠头皮、掏耳朵、抠鼻孔、咬指甲、玩饰物、摆弄手指等。

二、接待手势

（一）常用接待手势

1. "横摆式"手势 常用来表示"请进"，即五指伸直并拢，然后以右手肘关节为轴，右手从腹前抬起向右摆动至身体右前方。同时，美容服务人员脚站成右丁字步，左手下垂，目视来宾，面带微笑。一般情况下，美容服务人员要站在来宾的右侧，并将身体转向来宾，当来宾将要走近时，向前上一小步，不要站在来宾的正前方，以避免阻挡来宾的视线和行进的方向，要与来宾保持适度的距离，上步后，向来宾施礼、问候，然后向右撤步，先撤左脚再撤右脚，将右脚跟靠于左脚心内侧，站成右丁字步。

2. "直臂式" 手势 常用来表示"请往前走"，即五指伸直并拢，手臂由身侧抬起，与肩同高，肘关节伸直，再向要行进的方向伸出前臂。在指引方向时，身体要侧向来宾，眼睛要兼顾所指方向和来宾，直到来宾表示已清楚了方向，再把手臂放下，向后退一步，施礼并说"请您走好"等礼貌用语，切忌用一个手指，指指点点。

3. "屈臂式" 手势 常用来表示"里边请"。当美容服务人员左手拿着物品或推扶房门、电梯门时，需右手五指伸直并拢，从身侧抬起至与身体呈45°位置，然后以肘关节为轴，手臂由体侧向体前左侧摆动成屈臂状。

4. "斜摆式" 手势 常用来表示"请坐"。当美容服务人员请来宾入座时，要用双手扶椅背将椅子拉出，然后一只手屈臂由前抬起，再以肘关节为轴，前臂由上向下摆动，使手臂向下与手掌成一斜线，表示请来宾入座。当来宾在座位前站好后，美容服务人员还要用双手将椅子前推至来宾适合就座的位置。

5. 挥手道别手势 挥手道别用于表达离别、告别或再见之意。最常见的挥手道别手势是抬起一只手臂，通常是右臂，然后手掌向外轻轻挥动，手臂可从身体一侧自然抬起，也可从身体前方抬起，具体取决于个人习惯或文化背景。手臂挥动的幅度根据场合和情感的强烈程度不同而有所不同，如轻微的挥动表示礼貌的告别，大幅度的挥动则表达更强烈的情感或者期待再次相见的愿望。挥手道别时，要做到身体站直，目视对方，手臂前屈，掌心向外，左右挥动。

（二）注意事项

不同的手势表达不同的含义，我们在运用手势时应注意如下方面。

1. 美容接待人员做手势的同时要保持微笑，眼神温和，面容亲切，避免直视顾客，以免给顾客造成压力。

2. 手势要优雅、自然，不宜幅度过大或过小。指引方向时，应用整只手或手臂指示，避免只用单个手指指指点点。在介绍产品或服务时，手势应与语言内容相协调。避免使用不雅或夸张的手势，以免影响顾客体验；避免手势中出现任何可能引起误解或不适的动作，如将手放在臀部或腰间，显得态度散漫，状态不佳。

3. 在接待过程中，应尊重顾客的个人空间和意愿，避免过度接触或不当行为。无论面对何种情况，美容从业人员都应该保持冷静和专业，通过恰当的手势和语言来解决问题。

目 标 检 测

一、单项选择题

1. 站立时，手的摆放位置很重要，以下做法错误的是（ ）。
   A. 双手垂握于下腹部
   B. 双手相握于中腹部
   C. 一臂垂于体侧，一手置于腹侧
   D. 双臂交叉于胸前

2. 关于坐姿中，腿部不雅的动作是（ ）。
   A. 勾脚尖   B. 双腿内收
   C. 双脚靠拢 D. 不乱抖动

3. "站有站相，坐有坐相"说明我们的先人很早就对人的（ ）行为作了要求。
   A. 礼貌   B. 卫生
   C. 举止   D. 言谈

4. 正式场合的入座礼仪是坐整个椅子的（ ）。
   A. 1/3   B. 1/2
   C. 2/3   D. 3/4

二、多项选择题

1. 以下属于不良站姿的是（ ）。
   A. 身躯歪斜   B. 弯腰驼背
   C. 趴伏倚靠   D. 站有站相

2. 下列受欢迎的坐姿是（ ）。

A. 双腿直接伸出去　　B. 脚尖指向他人
C. 端庄、舒雅　　　　D. 自然、大方

3. 美容专业人员工作中的举止礼仪应该是（　　）。
A. 站立有相　　　　　B. 落座有姿
C. 行走有态　　　　　D. 举手有礼

4. 正确的走姿要点包括（　　）。

A. 从容　　　　　　　B. 平稳
C. 走直线　　　　　　D. 跃动

5. 招手致意是用来向他人表示（　　）。
A. 问候　　　　　　　B. 致敬
C. 感谢　　　　　　　D. 胜利

（王　景　周　娟）

第4章 沟通礼仪

学习目标

1. 素质目标 培养学生通过学习语言礼仪和言谈礼仪增强自我修养,在人际交往中展现良好个人形象。培养学生更加自信地与他人交流,减少社交焦虑,提升自我肯定感,建立和谐人际关系。

2. 知识目标 掌握言谈的基本礼仪、原则和技巧,了解词汇正确运用和特定语言礼仪的概念。

3. 能力目标 培养学生能够根据不同沟通对象和情境,选择合适沟通策略和方式,进行清晰、准确、有逻辑的表达。培养学生运用倾听技巧,积极关注和理解对方的观点和需求,促进有效沟通。培养学生保持对沟通礼仪的关注和学习态度,不断提升自己的沟通能力和修养水平。

第1节 语言礼仪

案例4-1

王女士是一位注重生活品质的女性,她选择了一家以高品质服务和专业护理著称的美容院定期进行皮肤护理。王女士踏入美容院时,前台接待员小李面带微笑,立刻起身迎接并说道:"王女士,您好!欢迎光临,我是小李,很高兴见到您。请这边坐,我马上为您确认您的预约并准备相关资料。"小李礼貌且热情,让王女士感受到宾至如归的温暖。

问题:在这个案例中,小李使用了哪些语言礼仪词汇呢?

一、词汇的正确运用

词汇的正确运用是语言表达中至关重要的一环,它直接影响到信息传递的准确性和清晰度。正确使用语言词汇是人际交往中不可或缺的一部分,它不仅能够体现个人的修养和素质,还能够促进和谐的人际关系。

(一)问候与告别

1. 问候 在与人交往时,常用的问候语有"您好""早上好""晚上好"等。在问候时,可以根据对方的身份、职业、年龄、性别等选择合适的称呼,如"老师""爷爷""先生"等。

2. 告别 在结束交谈或离开时,常用的告别语有"再见""慢走""一路平安"等。

(二)致谢与道歉

1. 致谢 当接受到他人的帮助、支持或赞美时,应及时表达感谢之情。常用的致谢语有"谢谢""感谢您的帮助""您太客气了"等。在致谢时,可以简要说明感谢的原因,以增强表达的真诚感。

2. 道歉　当给他人带来不便或造成损失时，应主动道歉并承担责任。常用的道歉语有"对不起""很抱歉""请原谅"等。在道歉时，应表达出自己的诚意和悔意，并尽力弥补造成的损失。

（三）请求与回应

1. 请求　在请求他人帮助或支持时，应使用礼貌的语言表达出自己的需求。常用的请求语有"请问""麻烦您""能不能请您……"等。在请求时，应明确表达自己的需求，并尽量征求他人的意愿。

2. 回应　在回应他人的请求或询问时，应给予积极的回应。常用的回应语有"好的""没问题""我会尽量"等。在回应时，应明确表达自己的态度和意愿，并尽力满足对方的需求。如果不能满足对方的需求，也应该诚恳地说明原因，并提供其他可能的解决方案或建议，如可以说："不好意思，先生，您要求的这个时间段我们的美容师都已经预约满了。但我们可以为您安排稍晚一点儿的时间，或者您看明天这个时间可以吗？""女士，很抱歉。您想要的这个品牌的化妆品目前我们店里缺货。不过我们可以为您预订，大概在几天内就能到货，您愿意等一等吗？"等表述。

（四）尊称与谦辞

1. 尊称　在与人交往时，应尊重对方的身份和地位，使用合适的尊称。常用的尊称有"您""贵公司""尊夫人"等。在使用尊称时，应注意避免使用过于亲昵或轻浮的称呼，如"小宝贝儿""甜心""宝宝""乖乖"等。

2. 谦辞　在表达自己的想法或意见时，可以使用谦虚的语言。常用的谦辞有"愚见""拙作""不敢当"等。在使用谦辞时，应注意避免过于自谦的表达方式。真诚地表达自己的想法和感受，同时也尊重他人的意见和评价，才能建立良好的人际关系。

（五）注意事项

1. 避免使用不礼貌的语言　在与人交往时，应避免使用粗俗、侮辱性或歧视性的语言。这些语言不仅会伤害对方的感情，还会破坏和谐的人际关系。例如在争论中，一方激动地对另一方说："你就是个无脑的乡巴佬，啥也不懂还瞎掺和。"这种语言既粗俗又带有侮辱性和歧视性。使用这样的语言会极大地伤害他人感情，破坏人际关系，引发冲突和矛盾。

2. 注意语境和场合　在使用语言礼仪词汇时，应注意语境和场合的适宜性。不同的语境和场合可能需要使用不同的语言风格和表达方式。在商务谈判、学术会议等正式场合，语言应较为规范、严谨，可以说："非常荣幸能够在此与各位共同探讨这个重要的议题。""感谢您提出如此深刻的见解。"在社交场合，语言可以更加亲切、活泼，如朋友聚会时，可以说："好久不见！你最近怎么样？""你今天这身装扮真漂亮！"在工作场合，根据不同情境也有不同的表达风格，如向上级汇报工作时，可以说："领导，关于这个项目，目前我们已经取得了以下进展：……"与同事交流工作问题时，可以说："我觉得这个问题可以这样考虑，你觉得呢？"

3. 保持真诚和热情　在使用语言礼仪词汇时，应保持真诚和热情的态度。只有真诚和热情的表达方式才能赢得对方的信任和尊重。

综上所述，语言礼仪词汇的正确运用是人际交往中不可或缺的一部分。通过学习和掌握这些词汇的正确用法和注意事项，我们可以更好地与他人建立和谐、友好的关系。

二、特定语言礼仪

特定语言礼仪是在特定的场合、情境、文化背景或社交群体中，人们所遵循的语言使用规范和行为准则，它通常包括特定的称谓、敬语、谦辞、委婉表达等语言形式，以及恰当的说话语气、语速、音量等。特定语言礼仪的目的是表达尊重、显示礼貌、促进良好的沟通和人际关系，同时也体现了特定文化或群体的价值观和传统。它不仅体现了个人的修养和素质，也影响着人际交往的和谐与顺畅。

（一）日常服务用语规范

1. 欢迎用语 敬请光临。欢迎光临，这边请……

2. 时令季节性问候语 早上好。晚上好。感谢您冒着寒风/暑热光临。

3. 感谢语 谢谢。多谢关照。

4. 回应语 是的。好的。

5. 离开时 对不起，我还有些事情要处理，失陪一下。

6. 受催促 非常抱歉，快好了，让您久等了。

7. 询问时 打扰一下，请问……

8. 拒绝时 我真的很想帮您，但是……

9. 添麻烦时 麻烦您一下，请您……可以吗？

10. 顾客问自己不了解的事情 对不起，我去请负责人好吗？她是这方面的专家。

11. 收款时 谢谢，一共多少元？正好。找您×××元，请过目。

12. 抱怨时 真对不起，马上办。

13. 要求会面时 欢迎光临，先生（女士）贵姓？对不起，我马上去请。

14. 请坐时 请坐，请在这里稍等一下。

15. 送客时 请慢走。走好啊。谢谢光临。欢迎再度光临，再见。

16. 赞美顾客用语（要求具体、客观）

（1）您的鞋子样式很独特。

（2）看您满面春风，一定有喜事吧。

（3）原来您没有化妆，素颜都这么漂亮。

（4）看样子我应该叫您老师，您身上洋溢着儒雅之气。

（5）您长得太像×××（名人、明星）了，要是在大街上我真会认错的。

（6）您的眼睛清澈透明，说明您身心非常健康、纯净。

（7）这是您的小孩吗？长得跟您一样漂亮呢。

（二）接听、拨打电话规范

1. 电话铃响时

（1）电话铃响立即接听，最好不超过三下。

（2）一只手拿话筒，一只手准备记录。

（3）立即报上所在单位名称与个人姓名，可以说："您好，这里是×××，我是×××，很高兴为您服务。"

（4）即使对方打错电话也要礼貌回应，不要发牢骚。

（5）对方若未报姓名，应主动请教。

（6）不明事项要转接给知道的人并进行说明："您好，请您稍等，我将转给专门负责的同事为您解答。"

2. 指定的接听人无法及时接听时

（1）指定的接听人不在时，问对方可否留话并说明自己会代为转达。

（2）指定的接听人遇急事时，留下对方电话号码，事后由指定的接听人主动回电联络。

（3）指定的接听人忙碌时告知对方事后予以回电联络，最好确定回电的具体时间。

（4）指定的接听人出差或请假时告知回电或请假日期。

3. 指定的接听人在开会或电话通话中

（1）接听人确定来电人是否情况紧急。
（2）指定的接听人无法立即出面接听时，要向对方致歉。
（3）接听人要告知对方，指定的接听人何时方便接听。

4. 托传话时

（1）善用传话单或便条纸。
（2）便条上记录对方姓名、时间、来电事项。
（3）复诵事项内容以免错误。
（4）告诉对方自己的姓名以示负责。
（5）传话便条要确保交给指定的当事人。

5. 电话结束时

（1）亲切道别。
（2）等对方挂断之后，再挂电话。
（3）轻轻放下话筒。

6. 拨打电话

（1）对方接听电话时，确认对方姓名，礼貌称呼。
（2）若对方先报名则不用再确认。
（3）不要弄错指定通话人的部门、职务、姓名。
（4）指定的通话人地位比较高时，一般由秘书转接，转接前勿忘向负责转接者致谢。

7. 指定通话人出来接听时

（1）报上所在单位名称与个人姓名。
（2）尽量避免寒暄，及早言归正传。
（3）表达流畅，打电话用词要让对方明白。
（4）不确定的内容要详加确认。
（5）需要费时确认的内容，需说明请对方稍等。
（6）通话中需与他人搭话时要将话筒捂住。
（7）通话时态度要亲切。

8. 指定通话人不在时

（1）可以代理时，委托代理人代办。
（2）问明代理人姓名。
（3）委托传话时，请问传话者的姓名。
（4）可以请指定通话人方便时回电。
（5）莫让长辈或职位高者回电。

9. 其他注意事项

（1）接听电话时，在接听者附近的人不要高声喧哗。
（2）拨打电话时，讲话声音不要过大。
（3）接听者听不清楚对方说话时，要向对方说明。
（4）通话线路混杂或有杂音时，由拨打电话者挂断后重新拨打。
（5）对方在电话中有所抱怨时，尽量做好安慰工作。

（三）接待语言规范

1. 迎宾语言规范

（1）客人入店前，离店门2m左右时，以单臂开门并问好："您好，欢迎光临。"面朝外，身体与门成45°，目光始终注视观察店门外情况，不交头接耳，当有客人在门店前驻足时，应立即主动开门，上前行礼并问候，"您好，欢迎光临。请问有什么可以帮您？"在顾客表达完意向后，引客入店，递上宣传资料并介绍店内情况。

（2）客人入店，店内接待者应目光含笑，近前亲切询问："×××女士，请问您有预约吗？"

（3）新客参观店面，为新客进行介绍时，应按照顺序介绍各功能区及产品。

（4）引客人与店长或顾问见面时，应先进行介绍："×××店长（×××顾问），这是×××女士，第一次来店。×××女士，这是×××店长（×××顾问），现在由×××店长（×××顾问）为您做更详细的介绍。"注意三人以上在场时，避免用"她（他）"称呼第三方。

2. 送客语言规范　送客人离店时，说："再见，您慢走，有时间再过来。""再见，您慢走。别忘了下周来做项目，来之前请打电话预约！"

（四）服务区语言规范

1. 在服务区内，若遇到客人应主动问好："您好。"待客人走过之后再走。

2. 服务区内不得发出任何异响，如走路声、撞击声，在服务区不可交头接耳、互开玩笑，不得议论客户，不得谈论公司内部问题，不得谈论同事私生活等。

3. 进入客人房间之前，应先敲门询问客人："不好意思，打扰一下，我可以进来吗？"征得客人同意后，方可进入。

第2节　言谈礼仪

案例4-2

护理结束后，美容师小李将顾客王女士引领至休息区，微笑着递上护肤建议单："您的肌肤状态改善明显，特别是肤色更均匀了。这份建议包含适合您的护肤品和保养小贴士，比如多喝水、规律作息，能帮助维持效果。"王女士点头赞同："每次来都能感受到你们的专业，肌肤和心情都变好了。"小李认真回应："您的满意是我们最大的动力，我们始终为每位顾客定制专属美丽方案。"随后，两人轻松交流护肤趋势和季节护理要点，小李以专业知识解答疑问，王女士也分享心得，互动愉悦而温馨。

问题：在这个案例中，我们从小李身上能学到哪些言谈礼仪知识呢？

一、言谈礼仪的内容

言谈礼仪是人际交往中不可或缺的一部分，它关乎个人的文化素养、道德情操以及对他人的尊重。言谈礼仪包括以下几个方面。

（一）态度与表情

1. 态度诚恳、亲切　说话时的态度应诚恳、亲切，无论是祝贺、询问还是交流，都应确保表情与言语内容一致，避免言不由衷或敷衍了事，态度冷漠或粗鲁。诚恳的态度能够让对方感受到真诚和善意，从而增强沟通的效果。交谈时要保持谦虚、礼貌、亲切的态度，这样能够增进彼此之间的信任、提升彼此之间的好感，使交流更加顺畅和愉快。

2. 表情自然　面部表情应与言谈内容相协调，根据自己的真情实感显露出自然的表情，从而让人感到真诚和舒适。一个表情自然的人，更容易跟对方建立信任和亲近感。面部表情应避免过分夸张或呆板，也不必刻意去模仿或伪装某种表情。例如，在讲述愉快的事情时，可以面带微笑；在表达歉意时，表情应该真诚而凝重，眼神中流露出愧疚与关切，微微低头以示诚恳的态度，嘴角微微下撇，展现出内心的懊悔与自责。同时，面部肌肉放松，避免过于紧张或僵硬的表情，让对方能够真切地感受到自己的诚意和想要弥补错误的决心。

（二）语言与表达

1. 用语谦逊、文雅 在言谈中应多使用敬语和谦辞，如"您""请""谢谢""对不起"等，以表达对他人的尊重和自己谦逊的态度，也可以体现个人的素养。同时，避免使用粗俗无礼的语言，以免伤害他人感情。在正式场合应避免使用俚语或网络流行语，通过不断地督促约束自己形成良好的用语习惯，杜绝粗话、脏话，养成健康的言谈习惯。例如在学术研讨会上，避免说："哇塞，这个理论简直绝绝子。"其中，"哇塞""绝绝子"这样的表达会降低学术研讨的专业性和庄重性。

2. 表达清晰、准确 说话时应清晰明了地表达自己的观点和需求，避免使用含糊不清的言辞，避免绕弯子或暗示，而是直接说出表达者的看法。在表达复杂观点时，可以采用"首先、其次、最后"或者按照"问题—原因—解决方案"等结构来组织语言，使内容条理清晰。在表达完自己的观点后，可以询问对方是否理解表达者的意思，如"我说得清楚吗？""你对这个问题有什么看法？"等，这种询问有助于及时纠正可能造成的误解。即使表达者在表达不满或批评时，也应尽量保持语气平和、态度积极，这有助于对方接受表达者的观点。

3. 语速与音量 在言谈中，注意语速和音量的控制，语调应平和沉稳，确保对方听清楚并理解表达者的话语，避免过于尖锐或夸张的语气，避免大声喧哗或者低声细语，以免给他人带来不适或误解。同时，根据谈话内容和情感变化适时调整语调，以增强表达效果。

（三）非语言沟通

1. 表情语言 表情语言是一种通过面部表情来传达情感、态度和信息的非言语交流方式。其通过微笑、皱眉、瞪眼、撇嘴等表情反映出人的喜悦、悲伤、愤怒、惊讶、恐惧、厌恶等基本情绪，也可以表达出更为复杂的情感状态和心理活动。例如，微笑通常表示友好和接纳，而皱眉则可能表示不满或疑惑。

2. 肢体语言 肢体语言又称身体语言，是言谈中不可或缺的一部分，它可以是有意识的，用于强调言语表达、传达特定的信息或情感；也可以是无意识的，反映出一个人的内心状态、情绪和态度。例如，挺直的身姿可能显示自信和专注；而双手抱胸可能暗示防御或不认同。肢体语言在人际交往中起着重要的作用，它可以增强沟通的效果，帮助人们更好地理解彼此，有时甚至比言语更能真实地反映一个人的内心想法。

3. 眼神交流 眼神交流是沟通中非常重要的一个环节，也是传递情感和信息的重要工具，它可以传达出自信、友好、厌恶、愤怒、惊讶等多种情感。在交谈时，应保持适当的眼神交流，适当的眼神接触可以增进双方的亲密感和信任感，以显示对对方的关注和尊重。但要避免长时间盯着对方或眼神游离不定，这些都会给对方带来不适和尴尬。

（四）不同的情境与对象

1. 情境适应性 不同的情境需要不同的言谈方式和礼仪。在正式场合中，应严肃认真、用词准确，保持庄重、严谨的言谈风格；在轻松愉快的场合中，言谈风格可以更加随意和幽默。根据场合的不同，应调整自己的言谈方式和内容，以更好地适应环境并展现自己的风度。

2. 对象适应性 在言谈中还应注意对象的差异性，对于不同身份、年龄、性别和文化背景的人应采用不同的言谈方式和措辞。在与长辈或领导交谈时，应保持恭敬和谦逊的态度；在与朋友或同龄人交流时，可以随和、亲切些。除此之外，了解对方的背景、喜好和习惯等信息，有助于更好地把握言谈的方式和分寸。

言谈礼仪是人际交往中不可或缺的一部分，通过遵循这些礼仪规范，我们可以建立良好的人际关系、增进彼此之间的信任和好感，以及提升个人的文化素养和道德情操。

二、言谈的原则

（一）尊重与礼貌

言谈首先要建立在尊重对方的基础上，无论对方的身份、地位、年龄或文化背景如何，都应保持礼貌的态度。使用恰当的称呼，避免使用侮辱性、歧视性或冒犯性的语言。在每一次交流中，应始终保持着对对方的尊重之心。

（二）真诚与诚实

在交流中保持真诚，不撒谎，不夸大其词。诚实地表达自己的观点和感受，能够建立信任，促进更深入的交流。

（三）倾听与理解

在交谈中，不仅要善于表达自己的想法，还要善于聆听对方的观点。耐心倾听能够展现出对对方的尊重和理解，同时也有助于更好地了解对方的需求和想法。在倾听时，应保持关注、专注和耐心，避免打断对方说话或表现出不耐烦的情绪，同时通过点头、微笑等方式表达对对方的理解和支持，以增强对方的表达欲和信心。通过倾听可以了解对方的观点和感受，从而建立更加深入和融洽的交流关系，这也是尊重他人的优势。

（四）清晰与简洁

在表达自己的想法时，力求清晰明了，避免使用过于复杂或含糊不清的词语和句子。同时保持语言的简洁性，避免冗长和无关紧要的细节，以便对方能够快速准确地理解意思。

（五）积极与乐观

在沟通过程中，及时给予对方正面的反馈和鼓励，让对方感受到自己的价值和被认可的快乐，增强对方的自信心和积极性，这种积极的互动能使双方之间的关系更加紧密和融洽，传递出积极、乐观的信息。避免传递负面情绪或抱怨，即使面对困难和挑战，也应该积极乐观地对待，提出问题的解决方案。

（六）适应与灵活

在交流中，要根据对方的反应和语境调整自己的言谈方式，不同情境与对象、不同的场合和目的需要不同的交流策略，灵活应对才能取得更好的交流效果。要根据不同的沟通对象和情境调整自己的言谈方式和内容，从而展现出良好的适应性和应变能力。这种灵活性不仅能使我们在人际交往中游刃有余，也可以使我们更加自信地面对各种挑战和机遇。

（七）保密与信任

对顾客分享的个人信息或敏感话题，应严格遵守保密原则，不随意泄露给第三方，这有助于建立和维护彼此之间的信任关系。在言谈中应避免涉及他人隐私或敏感话题，如年龄、收入、婚恋、家庭、经济情况等，否则容易引发他人反感或不适，影响交流氛围。

（八）鼓励与赞美

在适当的时机给予对方鼓励和赞美，可以增强对方的自信心，提升对方的积极性。同时，鼓励和赞美也是一种表达友好和认可的方式，有助于增进彼此之间的情感联系。赞美要基于细心的观察，注意对方的优点、成就、穿着、行为等细节，避免空洞无物的套话，尽可能具体地指出赞美的点。例如，不要说"您今天真好看"，可以说"您今天的裙子颜色特别衬您的肤色，显得特别有气质"，这样的赞美更加具体，也更容易让对方感受到你的用心。同时，也要注意赞美的频率和程度，过于频繁或夸张的赞美可能会让人感到不自在。赞美是一项需要不断学习和提升的技能，多观察身边擅长赞美他人的人是如何做的，学习他们的技巧和方法。同时，不断总结经验教训，善于发现别人的优点、长处，并给予肯定的评价。

遵循以上言谈原则，可以帮助我们在人际交往中言谈更加得体，提升沟通效率，建立和谐的人际关系。

三、言谈的技巧

言谈技巧是一个有机的整体，只有将这些技巧融会贯通、灵活运用，才能在人际交往中展现出自己的魅力和智慧，赢得他人的尊重和信任。

（一）同理心与共鸣

真正的沟通不仅是信息的传递，更是情感的交流。同理心与共鸣让我们能够跨越心灵的鸿沟，站在对方的角度去感受他们的喜怒哀乐，尝试用心去理解对方的情绪和需求，站在对方的角度理解问题，展现同理心，通过共鸣来表达对对方感受的理解和认可，增强沟通的效率。

（二）积极反馈与鼓励

在沟通过程中，积极反馈与鼓励是十分必要的，及时给予对方正面的反馈和鼓励，让对方感受到自己的价值和被认可的快乐，这种积极的互动不仅增强对方的自信心，提高对方的积极性，也使双方之间的关系更加紧密和融洽，创造出更积极和谐的沟通氛围，缓解紧张情绪，促进信息的有效传递。

（三）适时提问与引导

通过适时提问来引导，可以使对方分享更多的想法和感受，促进双方之间的深入交流。提问时应保持好奇心并应用开放性提问方式，避免使用封闭式问题限制对方的回答，这种互动不仅让沟通更加生动有趣，也能让我们更加了解对方、理解对方。例如，为顾客推荐适合的护肤产品，可以这样引导："针对您的皮肤问题，目前有几种护肤产品比较适合您，一种是用纯天然成分来滋润皮肤，一种是利用小分子物质来改善肤质，另一种是从医学护肤角度进行皮肤养护，您看您更倾向于哪种产品呢？"而不要直接说："根据你目前的皮肤状态，我觉得这套化妆品就特别适合您。"

（四）处理冲突与分歧

在面对冲突或分歧时，保持冷静和理性，避免情绪化回应，用开放的心态去倾听并尝试理解对方的观点，寻找共同点并探讨解决方案，最终达成共识。

（五）运用幽默与轻松的语言

运用幽默与轻松的语言是人际交往中非常有效的沟通技巧，它能够缓解尴尬场面，迅速打破僵局，增进彼此之间的友好氛围，让彼此的交流变得更加生动有趣，同时也展现出自己的机智和风度，但值得注意的是，幽默的运用要适度，同时要考虑到对方的可接受度和文化背景，避免冒犯对方或使对方产生误解。

（六）适应不同情境与对象

根据不同情境与对象及时调整自己的言谈方式和内容，展现出良好的应变能力。

以下是美容行业服务工作中的不同场合及其对应的言谈技巧。

1. 预约

（1）电话预约的言谈技巧

客服：您好，这里是×××总部客服，请问有什么可以帮助您？

客户：帮我预约做美容。

客服：好的，请问女士您贵姓？

客户：我姓张。

客服：张女士您好，请问您之前来过我们美容院吗？

客户：是的，来过。

客服：张女士，您记得您的贵宾卡号吗？

客户：88号。

客服：好的，张女士，和您核对一下信息（根据客户提供的号数打开系统查看客户信息，与客户核对姓名、电话号码并和客户确认）。

客服：张女士，您是否有指定的美容师为您服务？

客户：有，1号美容师。

客服：好的，张女士，已经帮您预约成功，预约时间是：××月××日××点××分，美容师是1号，稍后将预约信息通过手机发送给您。

客户：好的。

客服：请问张女士还有什么需要帮助的吗？

客户：没了。

客服：好的，张女士，再见。

预约成功后，需要将客户资料和预约信息记录到预约系统，要求客服在每天下午下班前，电话提醒预约次日的客户按时到店。

（2）微信预约的言谈技巧

接到客户微信预约时，根据客户预约的日期、时段，先查看预约表是否有空位，再反馈给客户，将确定预约的日期、时段以短信或微信的方式发送给客户告知。信息内容如下：

客服：您好，这里是×××美容院客服小天使，请问有什么可以帮助您？

客户：帮我预约做项目，谢谢。

客服：预约信息：×××女士，×××美容院客服小天使已经帮您预约成功，预约时间为：××××年××月××日上午九点钟，1号美容师将为您提供服务。

（3）现场预约

当次服务后，主动预约客户下次服务时间，与客服和客户确认后，以短信方式发送给客户预约信息。

美容师：女士，今天的项目已经给您做完了，您对我的服务满意吗？

客户：很满意，谢谢！

美容师：帮您预约下次服务的时间，您看可以吗？

客户：好的，帮我预约做××项目。

美容师：您什么时间方便，我帮您预约。预约信息我会发送到您的手机上。

2. 接待

（1）到店前台接待

陌生客户到访：先生/女士您好，欢迎光临，请问有预约吗？

老客户预约到访：先生/女士您好，您约的是三点钟做项目，已经给您安排好了。如果预约指定的美容师，直接通知到美容师个人。

老客户无预约到访：先生/女士您好，请问您今天需要做什么项目？（同时了解该时段预约的客户）。

前台接待完成后应立刻通知美容区。

　　有指定美容师：×××美容师，客户×××先生/女士已到，请做好接待准备工作。

　　无指定美容师：美容部，预约客户×××先生/女士，一共××位已到店，请做好接待准备。

　　无预约客户：美容部，初次到访客户×××先生/女士，一共××位已到店里，请做好接待准备工作。

（2）引导接待

欢迎语：您好，欢迎光临！我是×××，很高兴为您服务。
　　　　早上好/下午好/晚上好，请问有什么可以帮助您的吗？
咨询语：您今天想尝试哪些美容项目呢？我可以根据您的需求为您推荐。
引导语：请跟我来，这边是我们的美容区。
　　　　请您稍等，我马上为您安排美容师。
介绍语：这是我们店的主打项目，很多客户都非常喜欢。
　　　　我们的美容师都具有丰富的经验，会根据您的肤质为您定制护理方案。
安抚语：请放心，我们的产品都是经过严格筛选的，安全无刺激。
　　　　如果在护理过程中有任何不适，请随时告诉我们。
结束语：感谢您的光临，希望您在我们这里度过了一段愉快的时光。
　　　　如果您对我们的服务有任何建议，欢迎随时与我们沟通。

（3）美容区接待

情景一：客户抵达美容区，安排客户到指定区域入座。
基本引导：请这边走，您的座位在这边。
　　　　　请跟我来，我带您到您的座位。
特定座位引导：这里是您的座位，请就座。
　　　　　　　这是您预订的区域，请随意坐。
考虑客人需求：需要我帮您准备好椅子吗？
　　　　　　　您喜欢靠窗的位置还是更安静一些的地方？
确认客人满意：这个位置您觉得合适吗？
　　　　　　　您对这里满意吗？如果不满意，我们可以为您更换位置。
提供帮助：如果您需要什么，请随时告诉我。
　　　　　请问我能为您拿些什么吗？
针对特殊场合：欢迎参加我们的活动，您的座位在这里。
礼貌结束语：请坐，希望您在这里有一种愉快的体验。
　　　　　　感谢您的耐心，请您就座，我们将尽快为您服务。

情景二：客人入座后，水吧工作人员将为客人奉上茶水（时间一般控制在2min内）。
询问需求：您喜欢喝什么茶？我们有绿茶、红茶、普洱等。
　　　　　请问需要加些糖还是蜂蜜？
提供选择：我们这里有几种不同的茶，您想尝试哪一种？
　　　　　我们今天推荐的是×××茶，口感非常独特，您要不要尝一尝？
奉茶时的用语：请用茶。
　　　　　　　这是您的茶，小心烫。
注意细节：我帮您把茶倒得浅一些，这样不会太烫。
　　　　　如果茶水太浓，您可以告诉我，我帮您添些热水。
跟进服务：请问还需要续茶吗？
　　　　　您的茶水还够吗？需要我为您再加一些吗？

确保舒适：请慢用，如果不合口味，请随时告诉我。

希望这杯茶能让您感到放松和舒适。

结束语：感谢您的品鉴，希望这杯茶能够让您满意。

如果您有其他需要，请随时招呼我。

3. 送别客户

客户离开时，美容区的接待人员或美容师送客户到门口告别，并提醒客户下次预约时间。

表达感谢：非常感谢您今天的到来，期待再次为您服务。

感谢您对我们工作的支持，希望我们的服务能让您满意。

邀请再次光临：欢迎您随时再来，我们随时为您服务。

希望不久的将来能再次见到您。

表达关心：请您路上小心，注意安全。

天气变化无常，请您注意增减衣物。

提供帮助：如果您需要任何帮助，请随时联系我们。

我们可以帮您叫车，确保您能顺利回家。

祝福语：祝您一路顺风。

愿您工作顺利，身体健康。

礼貌告别：恭送您，祝您有个愉快的一天。

请慢走，期待与您的下一次见面。

结束语：再次感谢您，再见。

愿我们的服务能够持续得到您的认可，再见。

链接 美容行业服务词汇分类

1. 欢迎语——欢迎光临、欢迎您……。

2. 祝贺语——恭喜、祝您节日愉快、祝您生日（圣诞、新年、新婚、新春等）快乐、恭喜发财……。

3. 告别语——再见、晚安、明天见、祝您旅途愉快、祝您一路平安、欢迎您下次再来……。

4. 道歉语——对不起、请原谅、打扰您了、失礼了、抱歉、非常抱歉……。

5. 道谢语——谢谢、非常感谢……。

6. 应答语——是的、好的、我明白了、谢谢您的好意、不要客气、没关系、这是我应该做的……。

7. 征询语——"我能为您做点什么？""您还有别的事吗？""请您……好吗？""您喜欢（需要、能够）……吗？"……。

目 标 检 测

一、单项选择题

1. 以下哪句话为致谢语（　　）？

　　A. 对不起　　　　　　B. 很抱歉

　　C. 请原谅　　　　　　D. 感谢您的帮助

2. 以下哪项不属于赞美顾客用语（　　）？

　　A. 原来您没有化妆。

　　B. 您的鞋子样式很独特。

　　C. 这是您的小孩吗？长得跟您一样漂亮呢！

　　D. 看您满面春风，一定有喜事吧？

3. 以下哪项为迎宾礼仪规范（　　）？

　　A. 新客参观，要站在顾客的右边，按照顺序介绍各功能区和产品

　　B. 在服务的过程中不能随意离开客人，如接听电话等

　　C. 通话中需与他人商榷时要将话筒捂住

　　D. 便条上记录对方姓名、来电事项、时间日期

4. 下述不属于交谈时忌谈的内容是（　　）。

　　A. 个人隐私　　　　　B. 过分玩笑

  C. 令人反感的内容   D. 对方擅长的内容
5. 说话时的态度不应（   ）。
  A. 诚恳、亲切   B. 蔑视、侮辱
  C. 谦虚、礼貌   D. 幽默、开朗
6. 面部表情不应该（   ）。
  A. 轻松、自然   B. 真诚、令人舒适
  C. 木讷、呆板   D. 与言谈内容相协调

二、多项选择题

1. 作为一名美容师，语言表达应遵守（   ）？
  A. 幽默诙谐   B. 准确清晰
  C. 简洁精练   D. 音量适度
2. 送客礼仪规范包括哪些（   ）？
  A. 必须站在客人的右侧，陪客人走到门口
  B. 迎宾人员快步上前拉开门，美容顾问和服务人员一起送客
  C. 下雨时，帮顾客撑伞送到车上
  D. 送出门后说："再见，您慢走，有时间就过来。"
3. 下列哪项会让人在交谈过程中感到不适（   ）？
  A. 公开宣扬他人缺点
  B. 言语冷漠
  C. "您好"不离口
  D. 女士您好，请问您今天需要做什么项目？

（郑宏来）

第5章 社交礼仪

学习目标

1. **素质目标** 培养学生文明、优雅的行为习惯,培养学生良好的社交礼仪职业素养。
2. **知识目标** 掌握社交礼仪的原则和基本要领,熟悉社交礼仪的含义、特点;了解学习社交礼仪的意义。
3. **能力目标** 具备在社交场合合理使用礼仪规范的能力。

第1节 称谓、介绍礼仪

案例5-1

一位女士预约了美容沙龙的新客户体验服务,准备体验面部护理项目。

前台接待员实习生小李提前查阅了她的预约信息,当这位女士步入沙龙时,小李面带微笑迎上前去,微微欠身,用温柔而清晰的声音说:"女士,您好!我是小李,非常荣幸能在这里迎接您。请允许我为您介绍一下我们沙龙的环境。"在引导过程中,小李始终保持适当的距离,既不过于亲近也不显得疏远,同时用专业且礼貌的语言向这位女士介绍沙龙的各项服务和特色。该女士对此次体验非常满意,她决定成为沙龙的常客,并向朋友们推荐这家美容沙龙。实习生小李也得到了主管的青睐。

问题:1. 这位女士为何对沙龙的印象很好?
2. 实习生小李使用了哪些社交礼仪技巧?

一、称谓礼仪

称谓礼仪是在对亲属、朋友、同事或其他有关人员称呼时所使用的一种规范性礼貌用语,准确的称谓能恰当地体现出当事人之间的关系。在交际过程中,称呼既是关键点,又是人际交往的重要开端。称谓礼仪在日常生活中和外交活动中都非常重要。

(一)称谓礼仪的类别

1. 姓名称谓

(1)全姓名称谓 直呼其姓和名,如"张三""李四"等,一般用于学校、部队或其他郑重场合。

(2)名字称谓 省去姓氏,只称呼其名字,显得既礼貌又亲切,运用场合比较广泛。

(3)姓氏加修饰称谓 在姓氏之前加一修饰字,如"老李""小刘""大陈"等,这种称呼亲切、真挚,一般用于在一起工作、劳动和生活中比较熟悉的同志之间。

2. 亲属称谓 亲属称谓是对有亲缘关系的人的称呼，过去在亲属称谓上尤为讲究，如对长辈、平辈的亲属一般不称呼其姓名、字号，而按照其与自己的关系称呼，如祖父、父亲、母亲、胞兄、胞姐等。

有姻缘关系的亲属，前面加"姻"，如姻伯、姻兄、姻姐等。

称别人的亲属时，加"令"或"尊"，如令堂、令郎、令爱（令媛）、尊翁等。

对别人称自己的亲属时，前面加"家"，如家父、家母、家兄、家姐等。

对别人谦称自己的平辈或晚辈，前面加"舍"或"小"，如舍弟、舍侄、小儿、小婿等。

3. 职务称谓 用所担任的职务作称呼，如"李局长""张科长""刘经理"等。

用专业技术职务称呼，如"李教授""张工程师"等。

职业尊称，即以其从事的职业工作为称谓，如"李老师""赵大夫""刘会计"等。

4. 性别称谓 按性别的不同有不同的称谓，如对于女性称呼为"女士"，对于男士称呼为"先生"。

（二）称谓礼仪的作用

1. 表明说话动作或内容的指向对象 通过称谓明确交流的对象。

2. 表明对指向对象的态度 恰当的称谓能够体现尊重、亲切，使双方心灵沟通，感情融洽，缩短彼此距离。

（三）称谓礼仪的注意事项

1. 使用准确的称谓 避免因粗心大意或用心不专而使用错误的称呼，如念错被称呼者的姓名，或因对被称呼者的年纪、辈分、婚否以及与其他人的关系等作出错误判断而导致称呼错误。

2. 避免使用过时的称呼 随着社会的进步和人们观念的变化，一些传统的、过时的称谓应避免使用。例如"保姆""农民工"这样的称呼没有给予他们应有的尊重和平等地位，可以替换成"家政服务员""城市建设者"等称谓。

3. 遵循礼仪次序 同时与多人打招呼时，应遵循先长后幼、先上后下、先近后远、先女后男、先疏后亲的原则。例如在工作场合，有上级领导和下属同时在场，先向领导打招呼，"领导好"，然后再向同事们问候，"大家好"。

（四）称谓礼仪的文化背景

称谓礼仪的文化背景深厚，其反映了不同历史时期、不同社会阶层和不同文化背景下人们的交往方式和礼仪规范。在现代社会，虽然称谓方式有所简化，但尊重他人、礼貌待人的原则仍然是称谓礼仪的核心。

称谓礼仪是一种重要的社交规范，它不仅能够体现个人的文化素养和道德修养，还能够促进人际关系的和谐与发展。因此，在日常生活和工作中，我们应该注重称谓礼仪的学习和运用。

二、介绍礼仪

在礼仪规范中，介绍自己与介绍别人是日常社交中极为重要的环节，它不仅体现了个人的教养和风度，也展现了对他人的尊重与重视。

（一）介绍自己的礼仪

在适当的场合和时机下介绍自己，比如在商务会议、社交聚会或初次见面时，当对方询问你的个人信息或需要你自我介绍时，应主动而得体地进行介绍（图5-1）。

1. 基本原则

（1）内容简洁　自我介绍时，内容应简洁明了，包括姓名、身份（如职业、职位或所属机构）以及必要的背景信息，让对方能够快速了解自我介绍人，避免冗长复杂。

（2）态度诚恳　介绍自己时，态度应诚恳、自信，面带微笑，眼神交流自然，展现出自我介绍人的友善和亲和力。

（3）使用敬语　在适当的时候使用敬语，如"您好，我是×××。"表现出自我介绍人的礼貌和谦逊。

（4）注意语调语速　语调应平和，语速适中，确保对方能够清晰地听到并理解自我介绍人的介绍。

图 5-1　介绍自己的礼仪

2. 介绍顺序　在大多数情况下，位低者应先进行自我介绍，以示对位高者的尊重。

3. 介绍方式

（1）应酬式　适用于一般性的人际接触，只简单介绍姓名。例如，"您好，我是×××。"

（2）工作式　以工作为中心，介绍姓名、单位和职务。例如，"您好！我叫×××，在×××公司从事客户服务管理工作。"

（3）交流式　在社交场合中，为了建立深入联系，可以介绍更多个人信息，如籍贯、兴趣爱好等，例如，"我叫×××，听说您也喜欢旅游，真是巧啊！"

（4）礼仪式　在正式场合，如会议、宴会等，可以使用更为正式的介绍方式，包括问候语、感谢语等。例如，"各位领导、各位来宾，大家好！我是×××，非常荣幸能在这里与大家相聚。"

（二）介绍别人的礼仪

在社交场合，通常会介绍两位互不相识的人彼此认识，介绍别人的礼仪是人际交往中非常重要的一环，它体现了对他人的尊重和礼貌。以下是介绍别人时需要注意的礼仪规范（图5-2）。

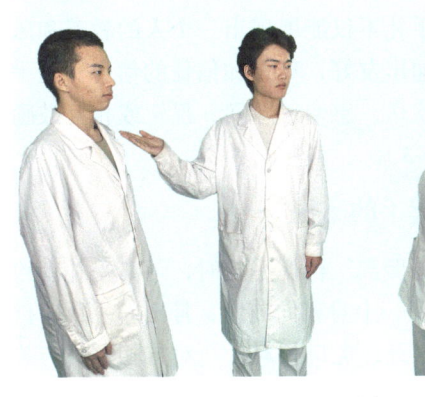

图 5-2　介绍别人的礼仪

1. 基本原则　在介绍别人之前，最好先征得双方的同意，特别是当被介绍人可能对此次介绍有所保留或敏感时。

2. 介绍顺序　在较为正式、郑重的场合进行介绍，要先后有序。介绍的总原则是"尊者优先"，即在为他人做介绍时，先要确定双方地位的尊卑，然后先把位卑者介绍给位尊者。一般惯例是先把男士介绍给女士、客人介绍给主人、晚辈介绍给长辈、未婚者介绍给已婚者、职位低的介绍给职位高的、个人介绍给团体、晚到者介绍给早到者，如果被介绍者中符合惯例中的两个及两个以上的顺序，则按最后一个顺序介绍。政务性、商业性介绍则不分男女，原则是把身份地位低的介绍给身份地位高的。在不确定双方地位尊卑时，可以询问双方意见或按照场合习惯进行介绍。

3. 内容准确　介绍时，应确保内容的准确性，包括被介绍人的姓名、身份（如职业、职位或成就）以及双方的关系（如朋友、同事或合作伙伴等），避免夸大其词或遗漏重要信息。

4. 使用礼貌用语　在介绍过程中，应使用礼貌用语，如："请允许我介绍……""这位是……"展现出个人的尊重和礼貌。

5. 促进交流　介绍完毕后，可以适时地提出一些话题或者问题，以促进双方之间的交流和互动。例如在商务场合，可以这样说："张总，李经理在行业内的项目管理经验非常丰富。李经理，张总最近主导的那个创新项目在业内引起了很大的反响。你们二位对当前行业的发展趋势有什么看法呢？"通过引入行业相关的话题，让双方能够基于专业领域展开交流，分享各自的见解和经验。也可以在适当的时候退出对话，让被介绍人双方自行交流。例如："你们先聊着，我去看看那边的朋友。祝你们交流愉快。"这样既不会显得突兀，又能让双方有足够的空间自行交流，增进彼此的了解。

6. 关注反应　在介绍过程中，要关注双方的反应，特别是被介绍人的感受。如果对方表现出不适或不愿意继续交流，应及时调整策略或停止介绍。

总之，介绍礼仪是一门艺术，是人际交往中重要的一环，需要我们用心去学习和实践，以更好地展现自己的风度和修养，同时也给对方留下美好的印象。

第2节　握手、鞠躬礼仪

案例 5-2

在一次美容行业博览会上，两家知名美容机构的负责人约定洽谈合作。

年轻的刘先生刚刚晋升主管，他非常珍惜这次机会。当他遇到合作伙伴张女士时非常热情想要握手问候，只见他直接伸出一只手，紧紧地握住张女士，但由于紧张，刘先生的目光游离，没有正视张女士的眼睛，另一只手也插在口袋里，显得不够尊重。这给将要洽谈业务的张女士留下很不好的印象，洽谈的结果可想而知……

问题：1. 为何刘先生给张女士留下了不好的印象？
　　　2. 他到底做错了什么？

一、握手礼仪

握手是世界上最通用的礼节，也是正式场合中使用最频繁的礼节，是人际交往中非常重要的一部分。握手礼不仅能展现出一个人的教养和风度，还能传递出友好、尊重和信任的信息。握手表示欢迎、欢送、感谢、慰问、祝贺或相互鼓励等含义（图5-3）。

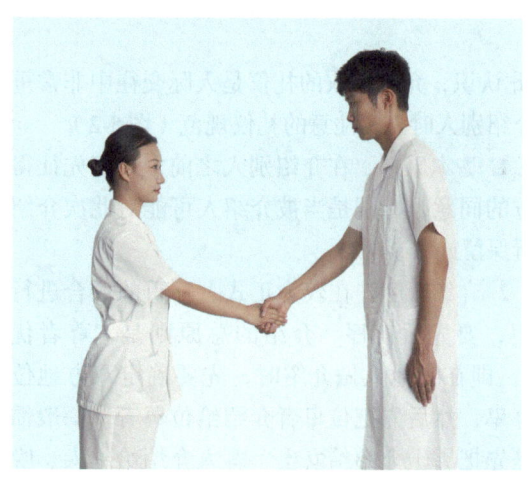

图5-3　握手礼仪

（一）握手的方法

1. 姿势与距离　行握手礼时，距离受礼者约1m，两足立正，上身稍向前倾，伸出右手，四指并齐，拇指张开，虎口相对，与对方相握；与关系亲近者握手时，可双手捧接或者热烈相握，双目注视对方，同时微笑致意。

2. 时间与力度　握手时握力要适中，不轻不重，恰到好处。如果双方是一般关系且在一般场合，握手时只需稍微用力握一下即可松开，握手的全部时间控制在3s以内，或轻微抖动三四次后松开；如果一方需要向对方表示友好，可稍加用力，以示重视。男士之间握手力度可以重一些，以示热情；女士之间以及男女之间握手的力度不宜过大，七分力即可。

3. 表情与语言　握手时应注视对方，微笑致意或进行简单的问候、寒暄："您好，初次见面请多关照！"有助于营造友好和谐的氛围。

（二）握手的顺序

握手的顺序主要按"尊者优先"的原则，具体如下。

1. 职位与身份　在正式场合下，握手时伸手的先后次序主要取决于职位、身份。职位高的人与职位低的人握手，应由职位高的人先伸手为礼。

2. 年龄与性别　在一般场合，握手的顺序则主要取决于年龄、性别、婚否。例如，女士与男士握手，应由女士先伸手为礼；长辈与晚辈握手，应由长辈先伸手为礼；已婚者与未婚者握手，应由已婚者先伸手为礼。

3. 社交场合　社交场合的先到者与后到者握手，应由先到者先伸手为礼。主人待客时应先伸手，与来访客人握手；客人告辞时，则应由客人先伸手为礼。

（三）握手的注意事项

1. 避免左手握手　在大多数文化中，用左手握手被认为是不礼貌的，应尽量避免。

2. 避免"三明治"式握手　即双手握单手，尤其是避免用双手与异性握手。

3. 避免交叉握手　握手时应当按照顺序依次而行，避免两人握手时与另外两人相握的手形成交叉状。

4. 注意手部清洁　握手前应注意手部清洁，避免用不洁或患有传染性疾病的手与他人相握。

5. 保持自然与真诚　握手时应保持自然、真诚的态度，避免面无表情、一言不发或眼神飘忽不定。

6. 尊重对方意愿　如果对方不愿意握手，应尊重对方的意愿，不要强行握手。

需要注意的是，不同文化背景下的握手礼仪可能存在差异。因此，在跨国交流或接触不同文化背景的人士时，应提前了解并尊重对方的礼仪习惯。例如，在某些文化中，长时间的握手可能被视为热情友好；而在另一些文化中，则可能被视为侵犯个人隐私。

总之，握手礼仪是人际交往中不可或缺的一部分。通过遵循正确的握手方法和顺序以及注意相关细节和文化差异，我们可以更好地展现自己的教养和风度，同时传递出友好、尊重和信任的信息。

二、鞠躬礼仪

鞠躬礼仪是一种表达尊敬、恭敬或歉意的传统礼节。鞠躬礼仪在不同国家和文化中略有差异，但基本含义和动作要领相似。鞠躬主要表达"弯身行礼，以示恭敬"的意思。它是对他人敬重的一种礼节，常用于下级对上级、晚辈对长辈、学生对老师、服务人员对宾客等，以表达对对方由衷的敬意或者感谢（图5-4）。

图 5-4　鞠躬礼仪

（一）鞠躬的方法

1. 站姿　以良好的站姿为基础，做到双脚并拢，脚跟靠拢，脚尖微微分开，保持身体端正。

2. 双手姿势　行鞠躬礼时，男性双手放在身体两侧，手掌微贴在裤管外侧；女性双手叠放在体前腹部位置。

3. 鞠躬　以腰部为轴，将上身挺直地向前倾斜，倾斜的角度根据场合和对象的不同而有所区别。鞠躬时，目光应随身体自然下垂，表示一种谦恭的态度。鞠躬完毕后，再恢复到标准的站姿，同时目视对方。

4. 速度　鞠躬时，弯腰速度适中，之后抬头直腰，动作可慢慢做，这样的节奏会令对方感觉舒服。

（二）鞠躬的度数及适用场合

鞠躬的度数从小到大为15°、45°和90°，不同度数的鞠躬适用于不同的场合。

1. 15°鞠躬 上身倾斜角度约为15°，是程度最轻的鞠躬礼。鞠躬时，微微低头，身体上部向下弯约15°。常用于与熟人打招呼，与长辈或上级擦肩而过的时候，或向对方表示感谢关照的时候（图5-5）。

2. 45°鞠躬 上身倾斜角度为30°～45°。这种鞠躬方式在商业上的往来中较为普遍使用，尤其是在进出会客室、会议室和向客人打招呼等场合时，常用来表示敬意。它一般适用于下级向上级鞠躬、学生向老师鞠躬、晚辈向前辈鞠躬、服务人员向来宾鞠躬等场合（图5-6）。

3. 90°鞠躬 行礼时身体上部向前下弯约90°，然后恢复原样，如此连续三次。这种鞠躬方式在庄严肃穆或喜庆欢乐的仪式场合中使用较多，如三鞠躬礼常用于婚礼、葬礼、庆典等场合，以表达最高的敬意（图5-7）。

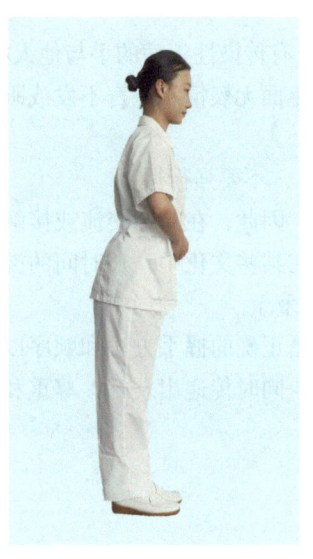
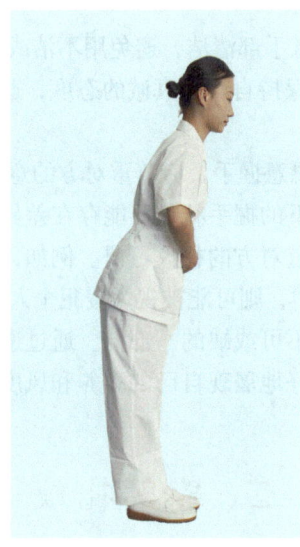
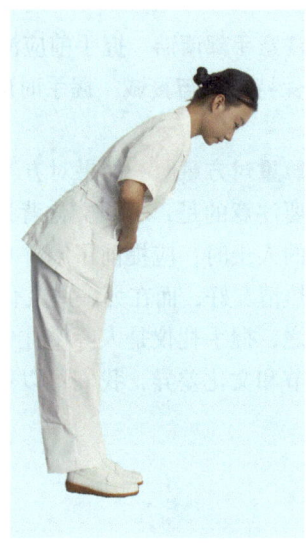

图5-5　15°鞠躬　　　图5-6　45°鞠躬　　　图5-7　90°鞠躬

（三）鞠躬的注意事项

1. 脱帽 一般情况下，鞠躬时要脱帽，戴帽子鞠躬是不礼貌的，也容易使帽子滑落，造成尴尬。

2. 目光 鞠躬时目光应向下看，表示一种谦恭的态度。不可以一边鞠躬一边翻眼看对方，这样做既不雅观也不礼貌。鞠躬礼毕起身时，双目仍要有礼貌地注视对方。

3. 顺序 地位较低的人、年纪较轻的人应先行鞠躬礼，且鞠躬相对深一些。

4. 速度 鞠躬时弯腰速度应适中，太快或太慢都不合适。同时，抬头直腰的动作也应慢慢做，以显得有礼貌。

5. 还礼 当受到别人的鞠躬礼时，应还礼，若不以鞠躬礼相还，很不礼貌。没有还礼等于没有做到礼尚往来，双方容易产生误解。

需要注意的是，不同文化背景下的鞠躬礼仪可能存在差异。因此，在跨国交流或接触不同文化背景的人士时，应提前了解并尊重对方的礼仪习惯。例如，在某些文化中，鞠躬的度数和次数可能有特定的规定；而在另一些文化中，则可能更注重鞠躬时的态度和表情。

通过遵循正确的鞠躬方法和注意事项，我们可以更好地展现自己的教养和风度，同时也能够传递出友好和尊重的信息。

第3节 通讯、书信礼仪

案例 5-3

在竞争日益激烈的美容行业中,某美容中心凭借优秀的电话礼仪,赢得了客户的好评,成功树立了行业标杆。美容中心在预约环节中,通过短信确定预约信息,在客户到店前,美容顾问即刻与对方取得电话联系,并进行简短的个性化沟通。服务结束后,客户会收到一条包含感谢语、服务反馈链接及下次预约优惠信息的短信,并在一周内进行电话回访,询问服务效果、收集建议,提醒客户后续皮肤护理事项。美容中心还充分利用社交媒体平台,定期发布美容知识、优惠活动及客户好评案例,增强与客户的互动性。对客户的留言和咨询,无论是私信还是评论,美容中心都会迅速且专业地回复,展现了高度的客户响应能力。

问题:在这个注重体验与情感连接的时代,该美容中心是如何发挥通讯礼仪作用的?

一、通讯礼仪

通讯礼仪是指在利用通讯工具进行信息传递时所应遵守的礼仪规范。随着科技的进步,通讯方式已经从书信的单一方式发展到电话、电子邮件、短信、微信等多种方式(图5-8)。

(一)固定电话礼仪

电话礼仪是现代沟通中非常重要的一部分,它不仅体现了个人素质,也反映了对他人的尊重。

图 5-8 通讯礼仪

1. 拨打时间 应选择双方预先约定的时间或对方方便的时间进行通话。一般而言,上午九点以后,下午五点之前是比较合适的通话时间。避免在对方上班后半小时、下班前半小时、中午休息时间以及晚上十点以后打电话,以免打扰对方。如果是国际长途,还需要考虑时差问题。

2. 通话时长 通话时间应尽量简短,以3min为佳,即"通话3min原则",避免因长时间通话而耽误对方时间。

3. 接听礼仪 电话铃响后,应在三声之内接听,以显示对对方的尊重。如果因故未能及时接听,应向对方表示歉意。接听电话时,应使用文明礼貌的语言,语调平和,音量适中。如果需要转接电话或暂时搁置电话,应向对方说明原因并致歉。

4. 挂断电话 通话结束时,应遵循地位高者先挂断,长者先挂断,上级先挂断,被求者先挂断的顺序挂断电话。挂断前,应向对方表示感谢并道别。

(二)手机礼仪

手机是现代社交中必不可少的通讯工具,手机礼仪是指在手机使用过程中遵循的一系列行为规范,这些规范旨在维护社交场合的和谐、尊重他人隐私以及体现个人素养。

1. 尊重他人隐私 无论与对方关系亲密与否,都应尊重其个人隐私,未经允许不得擅自翻看他人手机内容。

2. 注意使用场合 在图书馆、书店、电影院、会议室、自习室以及有室友睡觉的宿舍等需要保持安静的场合,应将手机调至静音或震动模式,避免打扰他人。在公共场合(尤其是乘坐交通工具时)听音乐、看影视剧、玩游戏时,禁止外放声音,以免影响他人。

3. 注意语音和视频聊天的礼仪 在进行语音或视频聊天前,应先询问对方是否方便或愿意进行聊天，以免打扰到对方或强迫对方。在发起语音或者视频聊天请求时，如果对方未及时接通语音或者视频电话，不要无休止地拨打下去，应给予对方一定的缓冲时间。在发送语音消息时，应尽量直奔主题，避免说过多无用信息或发送大段语音浪费对方时间。

4. 其他注意事项

（1）不随意分享他人信息　未经对方同意，不要把他人的微信名片、手机号码等个人信息分享给第三方；如若分享信息，必须征得对方同意，无论关系疏密。

（2）注意礼貌用语　在与他人交流时，应注意礼貌用语，避免使用粗鲁或攻击性的语言，如"喂"。

（3）摘下耳机打招呼　当与人交谈时，若佩戴耳机，应摘下耳机以示尊重。

（4）拍照前征得对方同意　为对方（尤其在面对陌生人的情况下）拍照前，应先征得其同意。拍照后的照片或者合影照如果要在社交平台上发布，也应征得对方同意后再上传至社交平台，以示尊重。

（5）避免浏览他人手机照片　未征得手机主人同意，不得随意翻看其手机里的照片，若手机主人主动邀请或者同意对方浏览手机里的某一张照片时，应只看手机主人允许看的照片内容，其余照片不得随意翻看。

（6）避免沉迷手机　在与家人、朋友聚会的场合，应避免沉迷手机而忽略与家人、友人面对面交流的机会。

（三）电子邮件礼仪

电子邮件礼仪是指在发送和接收电子邮件时指导发件人和收件人行为的原则。它包括语言、拼写、语法和礼仪等的规范，适用于各种工作场合和社交情景。

1. 邮件主题

（1）简洁明了　主题应简短且能概括邮件的主要内容，便于收件人快速判断邮件的重要性和紧急程度。主题字数最好不要超过15个，以确保在多数邮件系统中能够完整显示。

（2）避免空白　主题空白是失礼的表现，在发送邮件前务必确定主题。

（3）主题明确　一封邮件强调一个主题，避免多个不相关的话题。

2. 称呼与问候

（1）恰当称呼　邮件开头应恰当地称呼收件人，如"尊敬的×××先生/女士"。

（2）问候语　邮件开头和结尾应包含问候语，如"您好""祝好"等，以体现写信人的礼貌和对收信人的尊重。

3. 正文内容

（1）言简意赅　正文内容应简明扼要，直接说明自己的需求或目的。如果内容较多，可采用分段或列表的方式进行说明。

（2）条理清晰　使用1、2、3等序号来列出要点，使邮件内容更加清晰。

（3）避免错别字　在发送邮件前务必仔细检查文字及内容，避免出现错别字或语法错误。

4. 附件处理

（1）命名规范　附件应命名清晰，以便于收件人查找和管理。命名格式可以为"时间+主题+姓名"。

（2）提示附件　如果邮件中包含附件，应在正文中明确提示收件人查看附件。

（3）控制数量　附件数量不宜过多，一般不超过4个。如果附件较多，应打包压缩成一个压缩包后再发送，以方便收件人及时下载和查看附件。

5. 回复邮件技巧

（1）及时回复　收到重要邮件后应及时回复，理想的回复时间是2h内。如果无法及时回复，应告知对方原因并约定回复时间。

（2）针对性回复　在回复邮件时，应针对对方的问题或要求进行回答，避免答非所问或遗漏重要信息。

（3）避免简短回复　尽量避免只回复"是的""对"等简短词汇，而应给出具体、完整的回答。

6. 其他注意事项

（1）邮件格式　邮件格式应整洁美观，字体、字号和字符颜色应保持一致。整体排版要对齐，首行缩进2字符。

示例

From：发件人电子邮件地址

To：收件人电子邮件地址

Cc：抄送人电子邮件地址

Bcc：密送人电子邮件地址

Subject：邮件主题

邮件正文

From：zhangsan@example.com

To：lisi@example.com

Cc：wangwu@example.com

Bcc：zhaoliu@example.com

Subject：关于本周会议安排的确认

尊敬的李四先生：

　　您好！

　　关于本周五下午3时的部门会议，请确认您是否出席。会议将讨论以下几个议题：

　　1. 上季度工作总结

　　2. 下季度工作计划

　　3. 其他事项

　　请于收到邮件后回复，以便我们做好会议准备。

　　谢谢！

张三

营销部

2025年6月18日

（2）慎用表情符号　在公务性的电子邮件中应慎用表情符号，以免给收件人留下不专业、不严肃的印象。

（3）邮件发送前检查　在发送邮件前务必仔细检查收件人、抄送人、附件、标题和正文内容是否准确无误。

（四）微信礼仪

微信作为一款流行的即时通讯工具，其礼仪也体现了现代社交的基本规范。

1. 及时回复微信　收到对方微信，应及时回复，以告知对方收到信息，请对方放心，如果不能及时回复，也要在方便的时候向对方解释原因，并表示歉意。

2. 文字沟通信息　使用微信时，尽量用文字的形式与对方进行沟通，慎用语音功能，特别是要向对方汇报工作或者有其他重要且复杂的事项需要和对方沟通时。如果对方在开会或者在上课等不方便听语音的时候，文字形式的微信内容一目了然，且节省阅读时间。即使微信带有"语音转文字"的功能，也需要发布语音者使用标准普通话，该功能才能非常准确地以文字的形式传达发布者信息，否则会出现转换内容错误，从而造成误会或者信息传达不准确。

3. 发送健康内容 避免通过微信传达不确定或者有害的内容。不造谣、不传谣、不信谣，不煽动他人情绪，坚决远离不良信息。

4. 遵守自愿点赞 发布的"朋友圈"内容不要强求他人点赞，尽量不要在微信群里发送商业性广告。

5. 巧用表情符号 微信交流时，适当地为文字内容配以表情符号，可以通过表情符号更直观地表达发送者的情绪，同时让交流对象产生亲近感；通过表情符号也能释放出发送者的善意或者愿意与对方沟通互动的心意，活跃交流气氛。注意适度使用表情符号，不要不间断地连续发送，造成对方困扰。

6. 读懂语气助词 在与对方微信交流时，对方总是使用简单的语气词进行回复，如"哦""嗯""啊"等，表示对方目前不方便专心回复微信，或者不想继续现在的交流，就要及时终止交流，或者更换话题，要懂得适可而止。

7. 尊重意愿建群 建立微信群要征得他人同意，不要随意拉他人进微信群。

8. 适时发送信息 微信交流时要注意时间，避免在早上七时前或者晚上十时以后的休息时间内发送信息，也尽量不要在别人用餐的时候发送信息。如果对方没能及时回复信息，不要连续发送，以示尊重。

二、书信礼仪

书信礼仪在中国文化中具有重要的地位，它不仅仅是信息交流的方式，更是一种文化和礼仪的体现。书信是一种应用文书，用于向特定对象传递信息和交流思想感情。

（一）书信的基本结构

1. 称谓 在书信的第一行，顶格写称谓，并在后面加冒号，以示尊敬。称谓应遵循长幼有序、礼貌谦逊的原则，选择得体的称呼。

2. 正文 正文是书信的主体，以问候语开头，从书信的第二行开始写，首行缩进两个字符。问候语单独成行，以示对收信人的礼貌，问候语多用"您好""近好""见信好"等。正文可询问对方近况或者谈论与对方有关的情况，也可以针对对方的需求或问题，提出自己的建议、方案以及解决方法或者回答对方的问题；书信最后可以表达自己对对方的感激、敬意、祝福或者简短地写出自己的希望、意愿或再联系之事。

3. 敬语 写信人常用"此致""即颂""顺祝"等敬语紧接正文文末，并重新起一行在顶格处用"敬礼""安康""近安"等词与前文呼应。

4. 落款及时间 在信文的最后，应写上写信人的姓名和写信日期，署名应写在敬语后另起一行的靠右位置。如果写给领导或不太熟悉的人，要署全名以示庄重、严肃；如果写给亲朋好友，署名可以只署名不署姓。

（二）信封的书写格式

信封上应依次写上收信人的邮政编码、地址、姓名及寄信人的地址、姓名和邮政编码。具体书写格式如下。

1. 收信人信息

（1）邮政编码　填写在信封左上方的方格内。

（2）地址　详细无误地写出收信人的地址，字迹工整清晰。

（3）姓名　写在信封的中间，字体略大一些。在姓名后空二三字处写上"同志""先生""女士"等称呼，后加"收、启、鉴"等字。

2. 寄信人信息

（1）地址、姓名　寄件人信息可以写在信封右下角，地址尽量写得详细周全。

（2）邮政编码　同收件人编码填写的方式一样，填写在信封右下方的方格内。

（三）书信中的礼仪用语

在书信中，还可以使用一些礼仪用语来增强表达的礼貌性和正式性。

1. 提称语　用在收信人称谓后面，表示尊敬，如父母可用"膝下""尊前"，长辈可用"尊鉴""赐鉴"，师长可用"函文""尊鉴"，平辈可用"足下""阁下"，晚辈可用"如晤""如面"等。

2. 启辞　信文的开场白，或表示寒暄客套，或提示写信原委等，如"惠书奉悉""如见故人""接读手书，知君抱恙欠安，甚为悬念"等。

3. 结语　信文的结束语，常用"书不尽意""不尽欲言"等。

4. 祝辞　信文结尾时，表达对收信人的祝愿、钦敬或勉慰的短语，如"即颂近安""此致敬礼""祝你进步"等。

（四）注意事项

1. 字迹工整　书信的字迹应工整清晰，便于阅读。

2. 语言得体　书信的语言应得体、礼貌，避免使用粗俗或冒犯性的词汇。

3. 内容真实　书信的内容应真实可信，避免夸大其词或虚假陈述。

4. 尊重隐私　书信中应尊重对方隐私，避免询问或透露对方不愿公开的信息。

第4节　名片、馈赠礼仪

案例5-4

某美容院为了扩大市场份额，决定在周边社区和商场进行大规模的名片派发活动。美容院的员工在未经筛选的情况下，盲目向过往行人派发名片，无论是潜在客户还是无关路人，都收到了同样的名片，导致许多人对这种"强制推销"感到反感。在派发名片时，员工没有使用双手递送，而是随意地将名片塞进他们的手里。这种行为让接收者感到不被尊重，从而降低了对美容院的好感度。由于没有和潜在客户建立联系，美容院在派发名片后，也没法进行有效的后续跟进，导致许多客户在收到名片后，也逐渐遗忘了美容院的信息，没有取得派发名片的效果。

问题：这家美容院在馈赠名片时出现了什么样的问题？如何避免？

一、名片礼仪

名片礼仪是指在商务或者社交场合中，递交、接受和存放名片时应遵循的一系列的规范和行为准则（图5-9）。

（一）名片的设计与制作

1. 明确用途　确定名片的主要用途，如用于商务、艺术、学术等，根据用途选择与名片使用者身份或品牌形象相符合的设计风格。

2. 内容规范　名片上的信息应准确无误，包括姓名、职位、公司名称及地址、联系方式。

3. 设计简洁　名片的设计应简洁大方，色彩

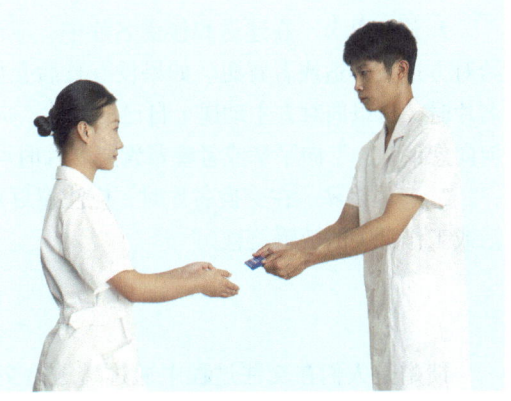

图5-9　名片礼仪

搭配协调，可选择符合品牌形象的色彩，一般不超过三种；字体选择易于读取且风格一致的字体，一般不超过两种。名片版式布局和谐，设计上可以包括公司标志、个人肖像或与行业相关的图形元素。中国通行的名片规格为9cm×5cm，版式一般有横式和竖式两种。

（二）递送名片的礼仪

1. 准备充分　在参加商务或社交活动前，应事先准备好充足数量的名片，并整齐地放在名片夹或名片盒中，便于随时取用。

2. 时机恰当　递送名片的时机应选择在双方交流较为顺畅、氛围较为融洽的时候，避免在对方忙碌或情绪不佳时递送名片。

3. 姿势正确　递送名片时，应起身面对对方，面带微笑，上身前倾15°左右，双手捏住名片下方两角，防止遮住名片上信息，并将名片的正面朝向对方递送出去，同时保证对方视角中文字为正向朝向，易于对方看清楚名片上信息。同时，配合适当的语言，如"这是我的名片，请多指教"。递送名片时，不可坐着递送名片，也不可单手用手指夹着名片递送出去。

4. 顺序合理　当与多人交换名片时，应按照职位高低、年龄大小或先来后到的顺序进行。避免跳跃式递送名片或交叉递送名片，以免给对方造成不必要的困扰。

（三）接受名片的礼仪

1. 起身迎接　准备接受名片时，应起身迎接，以示尊重。同时，面带微笑，注视对方，以示友好和关注。

2. 双手接收　接受名片时，无论有多忙都应该起身用双手去接收，以示重视。接过名片后，应认真阅读上面的信息，必要时可以重复一下对方的姓名和职位，以加深印象，并使用谦辞，如："很高兴认识您""以后多多向您请教"以示友好和敬佩，不可一言不发，无所表示。

3. 妥善放置　接过名片后，应将其妥善放置于名片夹或名片盒中，或西服左胸的内衣袋里，避免随意丢弃或放在衣服口袋里。这既是对对方的尊重，又是对自己形象的维护。

（四）存放名片的礼仪

1. 分类存放　为了方便查找和使用，应将收到的名片进行分类存放，可以按照姓名、公司或行业等不同的分类方式进行整理。

2. 完好保存　存放名片时，应注意避免折叠、污损或遗失。保持名片的整洁和完好，不仅是对对方的尊重，也是自己职业素养的体现。

（五）注意事项

1. 避免乱发名片　名片不应随意散发给陌生人或无关人员。只有在双方有交流意向或合作可能时，才递送名片。

2. 注意礼节　在递送和接受名片中，应注意礼节和礼貌用语。避免使用不恰当的语言或行为给对方造成不适或者冒犯。如果没有日后交往的必要，最好不要向别人索要名片；如果需要索取名片时，可以向对方主动递上自己的名片，向尊者或者长辈索要名片时可以询问对方："以后该如何向您请教？"向平辈或者晚辈索要名片时可以询问对方："以后怎样与您联系？"

3. 尊重隐私　在交换名片时，应注意尊重对方的隐私。不应主动询问或透露与对方的个人生活或工作无关的敏感信息。

二、馈赠礼仪

馈赠是人们在交往过程中通过赠送给交往对象礼物，来表达对对方尊重、敬佩、友谊、纪念、祝贺、感谢、慰问、哀悼等情感和意愿的一种交际行为。作为一种非语言的交际方式，馈赠以物的形式出现，以物表情，礼载于物，起到寄情言意的"无声胜有声"的作用。得体的馈赠能够给交际活动锦上添花，给人们的感情和友谊注入新的活力（图5-10）。

（一）馈赠的原则

1. 轻重原则 礼轻情意重，但也要根据具体情况和与受礼者的关系、受礼者的自身情况等决定礼品的轻重。同时馈赠礼品也要注意入乡随俗，选择礼品也要了解当地的文化习俗和礼品的价值标准。

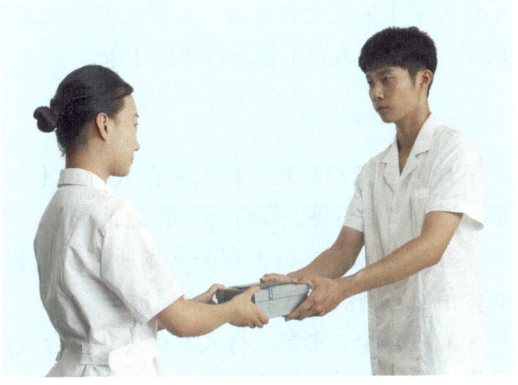

图5-10 馈赠礼仪

2. 时机原则 及时、适宜的馈赠时机非常重要。例如，在传统节日、纪念日或有特殊意义的日子赠送礼品，会起到更好的效果。

3. 效用原则 根据受礼者的物质生活水平、兴趣爱好和实际需求来选择礼品，使礼品具有实用性和针对性，同时也向受礼者表达出送礼者对其的关注和心意。

4. 避忌原则 了解受礼者的民族、宗教信仰、生活习惯等，避免赠送对方忌讳的礼品。

（二）馈赠的礼仪

1. 选择礼品 根据受礼者的身份、地位、年龄、性别等选择合适的礼品。考虑礼品的实用性、美观性和纪念性，避免赠送过于廉价或过于昂贵的礼品，以免造成对方不必要的误解或负担。

2. 包装礼品 精美的包装可以提升礼品的艺术性，营造高雅的情调。包装材料、容器、造型、色彩的选择要符合相关政策法规和习俗惯例。避免使用受赠方忌讳的颜色、图案、形状或物品。

3. 赠送礼品 在适当的时机和场合赠送礼品，避免在公共场合或对方不便的时候赠送。赠送礼品时，态度要平和友善，动作要落落大方，并伴有礼节性的语言，如"这份礼物是我们团队精心为您准备的。感谢您给予的宝贵建议和大力支持，祝您事事如意"。简要说明礼品的寓意和用途，让受礼者感受到你的用心和诚意。

第5节　其他社交礼仪

案例5-5

小李是一位知名美容院的专业美容顾问，她受邀参加一个行业内的小型聚会，并决定驾车前往，以便在聚会结束后还能送几位同行的朋友回家。

小李在邀请了几位朋友共同乘车后，随意地让大家上车，结果一位年长的朋友坐在了后排中间的位置，非常不方便。在行驶过程中，小李专注于与副驾驶位置的朋友聊天，也没有询问后排朋友是否需要调整空调温度或音乐音量，还在转弯时没有提前减速，导致后排乘客感到颠簸不适。小李的车内环境较为杂乱，有美容产品、工作资料等物品随意堆放在座位上或地上。这不仅影响了车内的整洁度，还可能给大家带来不便或安全隐患。

问题：小李在驾车送朋友回家的过程中忽略了哪些问题？

一、交通礼仪

交通礼仪是指在道路交通中，所有交通参与者（包括行人、驾驶员、乘客等）应遵守的一系列行为规范和道德准则。乘坐交通工具出行是人们生活、学习、工作必不可少的。遵守交通礼仪不仅关乎个人安全和素质，也直接影响交通秩序和社会文明，不遵守交通礼仪，不仅会破坏交通秩序，还会给人留下缺乏自律的印象。

（一）行人礼仪

1. 遵守交通规则 行人应在人行道上行走，不随意横穿马路，不占用非机动车道和机动车道，遵守"红灯停，绿灯行"的交通规则，严格遵守交通信号灯的指示。

2. 保持秩序 行人在公共场所排队等候时，不推搡、不插队。行人在自动扶梯上要靠右站立，留出左侧供有急事的行人通过。

3. 注意个人形象 行人不在公共场合大声喧哗、争吵；不在禁烟区吸烟，不随地吐痰、乱扔垃圾；在外面要穿着得体，不赤膊或穿家居拖鞋上街。

4. 专注行走 在行走时，特别是过马路时，要聚精会神，不要边走边看手机、边走边吃东西；两人以上行走时，聊天时不要太过投入，注意自身安全，同时也保障其他路人的安全。

5. 尊重他人 在拥挤的地方小心行走，避免碰撞他人；在行走过程中或在公共交通工具上，应礼让他人，主动为老人、儿童、残疾人或行动不便者等需要帮助的人让路、让座或者提供帮助。

6. 爱护公共设施 不随意损坏交通标志和标线、公共座椅、路灯等公共设施。保护绿地，不践踏草坪，不采摘花朵。

（二）驾驶员礼仪

1. 遵守交通规则 严格按照交通信号灯和交通标志行驶，不闯红灯，不逆行，不超速，不酒驾，不疲劳驾驶等。

2. 礼让行人 在斑马线前、人行横道前或繁华街道，应减速慢行并礼让行人，特别是老年人、儿童、行动不便者。

3. 文明驾驶 驾驶过程中应保持平和心态，不斗气。使用车灯时，合理使用远近光灯，在夜间行车时，特别是会车时，慎用远光灯，以免影响对向车辆的驾驶员视线。

4. 保持车距 驾驶中，始终与前面车辆保持安全距离，不随意变道，不急刹车，以免造成交通事故。

5. 遵守排队秩序 在行驶过程中，遇到拥堵或者车辆排队等候时，应遵守秩序，不插队，不随意鸣笛催促其他车辆，如遇他人礼让，应表示感谢。

6. 注意行车礼仪 不在车内大声播放音乐，不向车外乱丢垃圾。定期清洗车辆，保持车容和车内环境整洁。

7. 规范停车 在规定区域内停车，不占用应急车道和非机动车道，不妨碍其他车辆和行人的正常通行。

（三）乘车礼仪

1. 排队候车 在乘坐公共交通工具时，应按先来后到的顺序在站台上排队候车。

2. 主动让座 乘坐公共交通工具时，应主动给老人、孕妇、儿童或行动不便者等让座。

3. 保持车厢卫生 维护车厢卫生，不吸烟、不随地吐痰、不乱扔瓜皮纸屑等。

4. 文明乘车 在车上不大声谈笑，不与他人过分亲昵，以免影响其他乘客。

5. 有序乘车 下车前应提前做好准备，提前在车辆到站前主动到车门等候，方便快速有序下车。

6. 座位礼仪 乘坐私人交通工具时，应遵守座位礼仪，具体内容如下。

（1）基本原则 座位礼仪应遵守"四个为尊、三个为上"的原则。"四个为尊"即客人为尊、长者为尊、领导为尊、女士为尊；这四类人在乘车时应被安排在上座。"三个为上"即以"方便为上、安全为上、尊重为上"三个原则安排座次。

（2）座次安排　按照国际惯例，乘坐轿车的座次安排通常根据乘车人地位的高低来决定，常规是以"右高左低，后高前低"为原则安排座位（图5-11）。

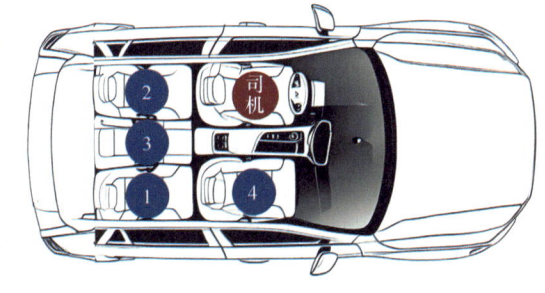

图5-11　轿车的座次安排

1）后排右位：最为尊贵，通常安排给最重要的客人或领导。因为我国车辆行驶规则是靠右行驶，坐在右边最为方便。

2）后排左位：次尊贵，可以安排给次重要的客人或随行人员。

3）后排中位：通常是供较为次要的陪同人员乘坐，如随行的翻译、助理等。

4）前排右位：位次最低，在司机驾驶时，此位置适合安排给陪同人员或秘书等。

（3）特殊情况　驾驶员是主人或是乘车人熟识的朋友时，当副驾驶位置上无人乘坐，而乘车人都坐到后面位置会被视为对驾驶员的不尊重；接送高级官员、将领、明星等知名公众人物时，主要考虑这类乘车人的安全性和隐私性，应安排乘车人坐到驾驶员后方位置（即后排右位）。

7. 上下车礼仪

（1）上车　乘车人上车时，一般是后排位尊者先上车，前排位低者后上车。若有长辈、女士、位高者或客人，应优先安排其上车，并可给予必要的扶持。

（2）下车　遵循"前排先下，后排后下"的原则。在正式场合，应等待长辈、女士、位高者或客人先下车，并协助他们安全下车。

8. 其他注意事项

（1）坐姿端正　乘车时应保持坐姿端正，不要东倒西歪或随意躺卧，以免给其他乘车人带来不便或不适。

（2）保持安静　在车内应保持安静，不要大声喧哗或外放嘈杂的声音，以免影响其他乘车人。

（3）尊重隐私　在车内不要随意窥探或谈论他人隐私。

二、节日庆典礼仪

节日庆典礼仪因节日类型、文化背景及地域差异而有所不同，但总体上可以归纳为以下几个方面。

（一）官方节日庆典礼仪

官方节日如国庆日、建军节等，其庆典礼仪往往较为庄重和正式。

1. 国庆日庆典

（1）活动形式　一般包括国庆招待会、军事检阅、群众游行、节日焰火和文艺晚会等。

（2）出席人员　国家元首、政府首脑、外交使节、军政官员等。

（3）礼仪规范　如国庆招待会，通常由高级领导人主持，采用酒会形式，邀请各国驻当地的外交使节及各界代表出席。在庆典过程中，需遵循一定的着装规范，如正装出席，并展现出对国家的尊重和热爱。

2. 建军节庆典

（1）活动形式　军队阅兵、军事演习、庆祝大会等。

（2）出席人员　军方高层、政府官员、外交使节等。

（3）礼仪规范　强调对军队的尊重和对国家安全的重视，参与人员需保持严肃认真的态度，遵守军事礼仪。例如，参与烈士纪念日向烈士纪念碑敬献花篮仪式时，以立正姿势面向纪念碑，行注目礼，目光庄重严肃地注视着仪式进行的方向，表达对烈士的缅怀和敬意。

（二）民间节日庆典礼仪

民间节日如春节、中秋节、元宵节等，其庆典礼仪更多体现民俗性和地域特色。

1. 春节庆典

（1）传统习俗　贴春联、贴窗花、放鞭炮、吃年夜饭、守岁、拜年等。

（2）礼仪规范　春节期间，人们穿着整洁，面带喜气，互道祝福，表达对家人和朋友的关爱和尊重。在拜年时，需注意礼貌用语和礼节性拜访的时间长度，应该向在场所有人问候新年好，且拜访时间控制在1～2h为佳。避免停留时间过长，给主人家带来不便。

2. 中秋节庆典

（1）传统习俗　赏月、吃月饼、提灯笼、猜灯谜等。

（2）礼仪规范　中秋节是团圆的节日，人们希望与家人团聚，共享天伦之乐。在赠送月饼时，需注重包装和品质，以表达心意和祝福。送给长辈的月饼礼盒包装风格偏向传统、典雅。送给朋友的月饼礼盒包装风格可以时尚、活泼。在送出礼物的同时，表达祝福，可以说："中秋佳节快到了，这盒月饼是我精心挑选的，希望您喜欢。祝您中秋愉快，阖家团圆！"

3. 元宵节庆典

（1）传统习俗　吃元宵、赏花灯、舞龙舞狮等。

（2）礼仪规范　元宵节期间，人们积极参与各种庆祝活动以表达对传统文化的传承和热爱。在公共场合赏花灯时，需注意保护自身安全，保持现场秩序，避免人流拥挤或发生踩踏事件；在人群中行走时，要保持耐心和冷静，不要急躁或推挤他人。观赏精美的大型花灯或者互动式花灯往往会吸引很多人围观，此时更要自觉排队观赏，不要插队。即使人群密集，也要注意用礼貌的语言请求他人让路，如说："不好意思，麻烦您让一下，谢谢。"如果自己不小心碰到别人，要及时道歉。

（三）其他注意事项

1. 尊重传统　在参与节日庆典时，应尊重当地的传统文化和习俗，避免做出冒犯或不当的行为。

2. 注重安全　在庆典活动中，需注意个人和公共安全，遵守交通规则，防止火灾、踩踏等事故的发生。

3. 环保节约　在庆祝节日的同时，也应关注环保和节约资源的问题，减少浪费和污染，共同营造绿色、健康的节日氛围。

三、奉茶、敬酒礼仪

（一）奉茶礼

中国素有"礼仪之邦"之美誉，自古以来就有着客来敬茶、以茶待客、以茶为敬的传统礼俗。茶文化是中华民族优秀文化的思想结晶，充分吸收了传统文化中以"礼之用，和为贵"为核心的礼仪文明与行为规范，而这种礼仪规范又集中体现在茶艺活动中。

1. 奉茶礼规范

（1）奉茶　奉茶者用双手捧住茶托或茶盘，举至胸前，脸带笑容，送到客人面前。上茶时应以右手端茶，从客人的右方奉上，并面带微笑，眼睛注视对方，轻声说："请用茶"；若用茶壶泡茶，又同时奉茶给几位客人时，注意选择与茶壶搭配的茶杯，宜小不宜大。

（2）敬茶　敬茶者先将茶端给职位高的客人或长辈，手拿茶杯杯柄，若是无柄茶杯要握杯身的中部或者底部，切忌手触杯口，要用双手敬上，并且切忌手背对客人，容易给人拒绝和不受欢迎之感。放置杯（壶）盖时必须将盖沿朝上，切忌将杯（壶）盖沿朝下放在桌子上。

2. 奉茶寓意

（1）寓意　在不同的场合和文化背景下，奉茶的具体寓意有所不同。在古代，奉茶是家中来客时必不可少的礼仪，主人会亲自端茶敬客，以示尊敬。此外，奉茶还有强身健体、雅心等寓意。

（2）做法　倒茶时做到斟七分满，留下三分示情意，表示对客人的尊重；添茶及时，体现出对客人或长辈的敬重。奉茶的顺序一般是先长后幼、先客后主，依身份的高低顺序进行。

（二）敬酒礼

酒桌文化是中华传统文化中不可或缺的一部分，它体现了人与人之间的交往艺术。敬酒时，遵循一定的礼仪规范，不仅能彰显个人的修养和风度，还能表达对对方的尊重、礼貌，促进交流、增进感情。

1. 敬酒礼仪

（1）主人提第一杯　主人应主动开口提第一杯酒，以示对客人的欢迎和尊重。

（2）敬酒顺序　一般情况下，敬酒应以年龄大小、职位高低、宾主身份为序。先从身份最尊贵的人开始，依次敬酒；如果和领导一起喝酒，应等领导相互敬完后再轮到自己敬。

（3）敬酒姿势　右手持杯，左手托住杯底，避免碰撞。敬酒举杯时，应注意姿势优雅，酒杯要低于对方酒杯，以示谦虚和尊重；不要将酒杯举到低于腰部以下的位置，避免被视为不尊重或不符合礼仪规范。如果距离较远，可以走到对方身边敬酒，或者用酒杯底部碰下桌面示意干杯。

（4）敬酒词　敬酒时，应先说敬酒词，敬酒词应简短、真诚，表达祝福和敬意。例如，说："这杯酒敬您，感谢您一直以来的指导和支持。""大家这段时间都辛苦了。这杯酒是对大家的认可和感谢。希望我们继续齐心协力，共创辉煌。"

2. 斟酒礼仪

（1）斟酒顺序　斟酒时，应先给别人斟酒，再给自己斟酒。如果是多人同桌，应按照顺时针方向依次斟酒，避免漏掉或重复。

（2）斟酒量　斟酒时，酒量应适中，不宜过满或过少。白酒一般斟至酒杯的2/3处，红酒则斟至酒杯的1/2或1/3处。

3. 饮酒礼仪

（1）适量饮酒　饮酒时不要一饮而尽，而要慢慢品尝，且应适量饮酒，避免过量。过量饮酒不仅伤身，还可能影响形象和礼仪。

（2）避免强行劝酒　在酒桌上，应避免强行劝酒。每个人的酒量不同，强行劝酒可能会破坏彼此间的友谊和现场气氛。

（3）保持清醒　饮酒后应保持清醒的头脑，不要失言、失态或做出不当行为。

4. 其他注意事项

（1）言语得体　在酒桌上，应言语得体，避免粗俗或不当的言辞。可以谈论一些轻松愉快的话题，增进交流。

（2）尊重他人　在酒桌上，应尊重他人的意见和习惯。不要随意打断他人发言或做出不尊重他人的行为。

（3）关注细节　在酒桌上，还应关注一些细节问题，如及时为领导或客人添酒、保持桌面整洁等。

目 标 检 测

一、单项选择题

1. 在介绍礼中，错误的介绍顺序是（　　）。

　A. 把女士介绍给男士　　B. 客人介绍给主人　　C. 晚辈介绍给长辈　　D. 未婚者介绍给已婚者

2. 下列关于握手礼仪的描述，正确的是（　　）。

　A. 先伸手者为地位低者

B. 客人到来时，主人应先伸手；客人离开时，客人先伸手

C. 可以用左手握手，表示亲密

D. 男士与女士握手，应等男士先伸手

3. 如果你在接听电话时，另一部电话也响了，而办公室里只有你一个人在，你应该（　　）。

A. 置之不理

B. 同时接起另一部电话

C. 挂断第一个电话，再接听第二个电话

D. 征得客户的同意与谅解，接听并迅速处理第二个电话

4. 递送名片时，正确的做法是？（　　）

A. 坐着递送，单手递出

B. 起立，双手恭敬送出，名片置于掌中

C. 随意抛给对方

D. 递送时不需要言语

5. 当对方递名片给自己时，若自己正落座，应该如何处理？（　　）

A. 单手接过，无须言语

B. 坐着接过后直接放入口袋

C. 双手接过，并言语致谢

D. 直接拒绝，表示自己不需要

6. 在轿车座次礼仪中，当主人亲自驾车时，哪个座位最为尊贵？（　　）

A. 后排左座　　　　B. 后排右座

C. 后排中间　　　　D. 副驾驶座

7. 在酒桌上，如果主人亲自为客人倒酒，客人应该如何表示尊重？（　　）

A. 双手捧杯，轻轻点头致谢

B. 坐着不动，等主人倒完

C. 立刻站起来，主动接过酒瓶

D. 挥手示意，不用麻烦主人

二、多项选择题

1. 介绍自己的基本原则有：（　　）。

A. 内容简洁　　　　B. 态度诚恳

C. 使用敬语　　　　D. 注意语调语速

2. 下列关于鞠躬礼仪的描述，错误的是（　　）。

A. 鞠躬时，身体应呈90°角，腰部以上向前倾

B. 鞠躬时，可以边鞠躬边说话

C. 鞠躬可适用于各种商务场合

D. 鞠躬时，双手应交叉放在胸前

3. 电话接听的基本原则包括哪些？（　　）

A. 在对方方便的时间内接听

B. 电话铃响四次内接听

C. 遵守"通话3min"原则

D. 地位高者先挂断电话

4. 在选择馈赠礼品时，我们应当考虑哪些因素？（　　）

A. 礼品的实用性

B. 礼品的贵重性

C. 接受者的喜好与需求

D. 自身的经济状况

5. 在馈赠礼仪中，以下哪些行为是恰当的？（　　）

A. 礼品包装精美，体现对接受者的尊重

B. 根据接受者的文化背景选择合适的礼品

C. 在公共场合大声宣布自己赠送的礼品

D. 送礼时附上写有祝福或感谢话语的卡片

6. 在酒桌礼仪中，下列说法正确的有（　　）。

A. 敬酒时，应先敬地位高的人，再依次敬其他人

B. 碰杯时，自己的酒杯应低于对方的酒杯，尤其是对长辈和领导

C. 倒酒时应倒满酒杯，以显示对他人的尊重

D. 酒桌上尽量不要大声喧哗，保持适当的音量交谈

（王　华　周　娟）

第6章 职场礼仪

1. 素质目标 塑造职场中得体的行为风范和道德素养，自觉践行职场基本礼仪规范，展现良好的职业形象和精神风貌。

2. 知识目标 掌握管理人员礼仪和同事间礼仪的原则及与人相处的策略，熟知上下级间的沟通要点与方法，熟悉会议中的各项礼仪规范。

3. 能力目标 能够熟练运用商务谈判的基本原则，在商务交往中展现出卓越的沟通能力和谈判技巧。同时，不断提升自身在各类职场交往中的礼仪素养，确保言行举止符合职业要求，为职业发展奠定坚实基础。

第1节 办公室礼仪

案例6-1

在一家美容机构里，美容师小李和主管王姐之间出现了上下级关系的问题。有一次，在讨论一个新的美容项目推广方案时，小李未经主管王姐的同意，擅自向其他同事表态支持某个方案。还有一次，客户对某个美容服务提出了投诉，王姐还在了解情况，小李就急忙向客户承诺会给出高额赔偿，使王姐后续的处理变得被动。在日常工作中，小李也经常主动承担一些本属于王姐职责范围内的任务，影响了工作秩序和王姐的领导职能发挥。

问题：1. 小李的这些行为反映了他在工作中存在哪些问题？

2. 对于王姐来说，应该如何处理与小李之间的这种关系问题以改善工作状况？

一、管理人员礼仪

办公室礼仪涵盖工作环境中从管理人员到普通员工的行为规范与交流准则。它既包括办公环境的维护、沟通交流的方式，也涵盖着装要求、接待访客等方面。

（一）着装

美容行业的管理人员，着装需根据不同岗位和工作场景进行搭配，既要符合行业规范，又要体现专业特色。

1. 美容顾问 美容顾问常与客户面对面交流沟通，为了增强自身的亲和力和客户的信赖感，着装应注重表现温和感与专业性。日常工作时，可穿着淡色系的职业服，如米白色、淡蓝色等，给人温馨、舒适的感觉。职业服要保持整洁干净，无污渍、褶皱，佩戴清晰醒目的工牌，方便客户识别。避免佩戴过于夸张的饰品，以免分散客户注意力。

2. 美容导师 美容导师主要负责培训和指导美容师，着装需凸显专业性与权威性。在培训课堂或指导工作时，可选择深色系经典西装套装（裙），如黑色、深蓝色套装（裙）等，内搭简约的白色衬衫，搭配素色领带或丝巾。西装要裁剪合身，面料质感良好，体现专业与稳重。套装再搭配简洁大方的中跟皮鞋，展现自信与专业。

3. 美容机构行政管理者　行政管理者在商务洽谈、行业交流等正式场合时的着装要正式得体且注意细节。选择深色系行政套装（裙），搭配优质白色衬衫和简约黑色皮鞋，服装细节要处理到位，领口、袖口保持整洁，无线头和褶皱。在行业交流活动中，可适当融入时尚元素，如佩戴精致的丝巾、手表、有设计感的领针、胸针等，但仍要保持专业度，符合行业规范。

（二）举止

美容行业管理人员在工作中的行为举止主要涉及站姿、坐姿、行姿、手势等，不同的行为举止有不同的注意事项。

1. 站姿　当管理人员站立时，应挺直脊背，双脚并拢或微微分开呈"V"形站姿，双手自然下垂或交叉放在身前，头部保持正直，目光平视前方，展现出自信和稳重。

2. 坐姿　坐姿端正，背部挺直，不靠椅背，双腿并拢或微微倾斜，即采用标准式坐姿或侧点式坐姿，避免抖腿或斜躺等不良坐姿。

3. 行姿　行走时，步伐适中，速度均匀，身体保持平衡，手臂自然摆动，幅度不宜过大，避免匆忙奔跑或拖沓行走。

美容行业管理人员要时刻注意公共场合的举止，如在电梯里保持安静，不在办公区域大声喧哗或打闹，以维护良好的职场环境和职业形象。与人交流时，管理人员的手势要简洁、明确，避免过于夸张或复杂的动作，确保交流的顺畅与高效。

（三）常用语

在日常工作中，管理人员应使用礼貌、规范的语言，如早上见到同事，可以说："大家早上好！"下班时，可以说："辛苦了，祝大家有一个美好的夜晚！"安排工作时，可以说："请各位在××月××日前完成这项任务，有任何问题随时与我沟通。"表扬员工时，内容应具体而真诚，可以说："这次的背部理疗项目，你表现得非常出色！你的努力和创新为团队带来了很大的价值。"批评员工时应注意说话的方式和语气，可以说："我注意到在产品推荐上存在一些问题，我们可以一起探讨如何改进，我相信你有能力做得更好。"

二、同事礼仪

在各个行业的工作环境中，同事之间的良好互动至关重要。同事礼仪涵盖了尊重、交流与合作等方面。尊重同事的个人空间和工作成果，不随意干涉他人的工作进程；与同事交流时，使用礼貌用语，避免粗俗或冒犯性的言辞，积极倾听同事的意见和想法，不打断他人发言，给予对方充分表达的机会；与同事合作时，明确分工，按时完成自己的任务，不推诿责任；遇到问题时，与同事共同协商解决，不相互指责；发扬团队合作精神，共同为实现团队目标而努力。

（一）尊重与包容

在多元文化团队中，尊重与包容尤为重要。要了解并尊重具有不同文化背景的同事的习俗，避免文化冲突。在节日庆祝、团队活动等场合，要照顾到每个人的感受，营造包容的氛围。

1. 尊重　尊重是同事礼仪的核心。尊重同事的专业能力，认可他们的工作成果，是建立良好关系的基础。在日常工作中，要尊重每个人的工作方式，不强加自己的观点，不随意打断他人的工作节奏。尊重还体现在细节中，如准时参加会议，及时回复邮件，认真倾听他人意见等。

2. 包容　包容是团队凝聚力的保证。每个同事都有独特的性格和工作方式，要学会欣赏差异，接纳不同意见。遇到分歧时，要保持开放心态，寻求共识；对新人要给予耐心指导，对同事的错误要持宽容态度，帮助同事成长。

（二）沟通与协作

1. 沟通 有效沟通是职场成功的关键。与同事沟通时要清晰表达，避免模棱两可；书面沟通要注意格式规范，语言得体；口头沟通要注意语气语调，保持礼貌；反馈意见时要具体明确，既指出问题也提供建议。

2. 协作 团队协作需要良好的协调能力。分配任务时要考虑同事的专长和负荷，明确责任和期限；协作过程中要及时沟通进展，遇到问题要共同解决；完成任务后要肯定团队努力，分享成功。跨部门协作要注意沟通技巧，要尊重其他部门的工作方式，用对方理解的语言沟通；遇到分歧时要保持专业，寻求共赢方案；协作结束后要及时反馈，建立长期合作关系。

（三）礼貌与谦逊

1. 礼貌 日常礼貌是职场礼仪的基础。见面要主动问候，使用"请""谢谢"等礼貌用语；进出办公室要轻声关门，使用公共设施要注意他人；遇到同事要微笑致意，乘坐电梯要礼让先行。在特殊场合更要注重礼貌，如会议中要认真聆听，不随意打断讲话人；聚餐时要照顾他人，不独占话题；遇到同事升职要真诚祝贺，不嫉妒诋毁；同事离职要表达感谢，尽量保持联系。

2. 谦逊 谦逊是赢得尊重的关键。取得成绩时要感谢团队支持，不居功自傲；遇到批评时要虚心接受，不推卸责任；与同事交流时要平等相待，不摆架子；学习新技能时要虚心请教，不耻下问。

（四）隐私与边界

1. 隐私 尊重隐私是同事礼仪的重要原则。不打听同事私事，不传播未经证实的信息；使用同事物品要事先征得同意，不随意翻看他人文件；在社交媒体上要注意分寸，不公开讨论工作内部事务。在数字化办公环境中更要注意隐私保护。不随意转发工作邮件，不泄露公司机密；使用共享文档时要注意权限设置，保护敏感信息；远程办公时要尊重同事时间，不随意打扰。

2. 边界 保持适当距离是维系职场关系的关键。与同事相处要把握分寸，不过分亲密也不刻意疏远；工作交流要专业，不掺杂过多私人情感；遇到矛盾要理性处理，不将个人情绪带入工作。

三、上下级礼仪

（一）下级对上级的礼仪

下级对上级礼仪是办公室礼仪中重要的组成部分，遵守下级对上级的礼仪规范有助于营造尊重、和谐且高效的工作氛围。主要做法有以下几点。

1. 明确职责，避免越位 在工作中，上级与下级有着不同的角色定位。下级应明确自己的职责权限，不可超越既定职责范围。"越位"的表现主要体现在如下方面。

（1）决策越位 下级在未经上级授权的情况下，擅自对重大项目或重要事务做出决策。例如，员工在没有得到领导同意的情况下，擅自签订具有法律效力的合同，因部分合同条款影响公司利益，造成公司的经济损失。

（2）表态越位 下级在公共场合中，未经上级许可代表部门或公司发表意见。例如，在与合作方的谈判会议上，员工抢先表态同意一些超出公司能力范围的要求，让领导陷入被动。

（3）工作越位 超出自己的工作范畴去干涉其他部门或上级的工作。例如，员工未经领导安排，直接去指导其他部门的工作，引起其他部门员工的反感，扰乱工作秩序，阻碍领导职能的发挥，扰乱公司运营状态。

2. 尊重领导，和谐共处 下级要尊重上级，维护上级尊严，不能因上级的年龄、阅历和水平不同而区别对待。下级对上级交办的工作，应愉快且有创造性地完成，遇到决断不了的事情，应及时向上级请教，若不能按时完成工作，要向上级说明情况。

3. 态度适度，共同进步 对待上级要保持态度适度。在上级面前态度过于傲慢，易建立对抗关系；过于卑微，不易建立良好且互相尊重的上下级关系；过于世俗，易使上下级关系沾染不良风气；过于谄媚，有损自身职业形象并令人厌恶。因此，在与上级相处时，应保持从容、自然、亲切、谦虚的态度，既大方自然又不畏手畏脚，建立良好顺畅的上下级关系。

4. 讲究时机，注意技巧

（1）讲究时机 建议选择领导工作间隙、情绪平稳的时段进行沟通，避开其公务繁忙或情绪波动的时刻。交谈中，语言表达要清晰简洁，尊重上级观点并适时反馈，并恰当使用肢体语言，如适时的眼神交流、微笑、适当的手势等以表示对对方的尊重和专注。交谈结束后，要礼貌表达感谢并按上级指示做好后续工作。

（2）注意技巧 与上级交谈时要掌握谈话技巧。

1）控制谈话时间，避免内容拖沓冗长，保持双方谈话兴趣。

2）避免使用上级听不懂的专业术语或者抽象词语，不咬文嚼字、卖弄学问。

3）交谈时，应认真聆听上级讲话内容，避免心不在焉、随意插话；适时对领导讲话给出反馈，直接坦诚地表达想法，避免长时间沉默，使得交谈气氛沉闷压抑，引起上级误解或产生抵触情绪。

4）适当运用肢体语言表达言外之意和内心之情，但动作幅度不宜过大。

5）向上级汇报时，要控制时间。汇报中，尽量做到用词准确、句子简练、语速适中、音量适度，汇报内容实事求是，时间不宜过长；汇报结束后，应耐心听取反馈意见，并及时给予回复。

（3）巧提建议 若上级出错，作为下级，应真诚地指出上级的错误，但在指出错误、提出建议时要注意方式，如要选择适当的场合、恰当的时机，进言时不要急于否定上级错误，要以建议的方式进行提示，这样才能使进言更易被上级接受，从而达到效果。

（二）上级对下级的礼仪

办公室中上级对下级的礼仪原则对营造积极的工作氛围和提高团队效率至关重要。

1. 尊重个人，公平公正 上级要尊重每一位下级的性格和工作方式，避免任何形式的歧视或不尊重。在工作分配、评价和晋升机会上保持公平公正，不偏袒任何人，并给予下级适当的自主权，信任下级能够独立完成任务。当下级间出现分歧或冲突时，可以公正地处理问题，寻求合理解决方案，在必要时展现出管理的灵活性，尊重、理解并适应下级的特殊情况或需求。注意保护下级的隐私，不泄露任何个人信息或敏感数据。

2. 积极倾听，有效沟通 认真倾听下级的意见和建议，给予他们表达自己观点的机会。保持开放、透明的沟通渠道，确保信息的透明度和及时性，并给予下级具体且有建设性的反馈，帮助他们改进工作。对于下级的努力工作和卓越成就，应公开表扬且给予肯定，增强下级的工作动力和归属感。适时鼓励团队合作，促进下级之间的相互支持和协作。

3. 加强修养，树立榜样 上级的个性品质在很大程度上决定着上下级之间交往关系的和谐程度与发展方向。上级良好的性格修养能使其在面对各种工作情况时都能保持理性和冷静；而出色的气质修养则会展现出上级的领导魅力与风范，增强对下级的吸引力和影响度。

（1）管理情绪 上级要学会自我克制，保持冷静，如此才能妥善解决各种问题。情绪波动时可进行深呼吸、自我暗示、暂时转移注意力等方法，培养平和心态，提升情绪管理能力。平时多培养自己的兴趣爱好，提高与各类人的交往能力。

（2）信守承诺 作为上级，应言而有信，不轻易许诺，凡已许下的诺言应做到"言必行，行必果"。若没有履行承诺应尽快向对方说明原委，寻求谅解。

（3）择人任势 作为上级，应当善于发现人才和使用人才，在用人上应用其长而舍其短，分工科学合理,尽可能发挥每个人的长处,上级如果能够根据每个人的长处进行合理分工,让下级在工作中能够充分发挥自己的优势,就可以尽量避免下级因工作安排不合理而产生心理压抑感。

(4)听取建议　上级应广开言路,笑纳逆耳忠言,这样才能集思广益,消除隔阂,修正错误,并拉近与下级的距离。反之,会使下级不能轻易发表自己的意见和建议,产生不被信任或认可的感觉,导致上下级之间缺乏沟通和理解,无助于建立良好的上下级关系。

四、会议礼仪

会议礼仪是参会人员在会议前、会议中、会议后应遵守的礼仪规范。会议礼仪规范内容可归纳为5W和1H。"5W"指的是会议原因(why)、时间(when)、地点(where)、参与人员(who)、议题(what);"1H"指的是怎样开好会议(how)。掌握会议礼仪不仅能够提升人与人之间沟通效果,确保每个人都被认真倾听且互相尊重;还能够有效优化会议时间,提升会议效率。

(一)会前准备

1. 会议通知　提前发送会议通知,通知内容主要包括会议主题、时间、地点、议程和所需资料等关键信息,确保与会人员有足够的时间做好准备。

2. 会场布置　会议室的布置要整洁、舒适,桌椅摆放整齐,根据会议需要,准备好电脑、投影仪、显示屏、白板、麦克风等各类设备并确保其能正常使用。

3. 座次安排

(1)主席台座次安排　会议主席台座次安排遵循"以左为尊"的原则。

1)主席台上的人数为奇数时,主席台居中的位置(图中1号位置)为主位置,主位置的左边为第二主位置(图中2号位置),主位置的右边为第三主位置(图中3号位置),其他位置依此类推(图6-1)。

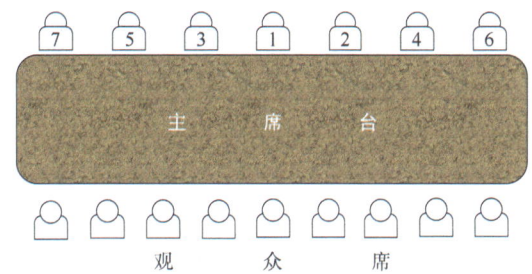

图6-1　主席台座次安排1

2)主席台上的人数为偶数时,主位置和次主位置同时居中(图中1、2号位置),且次主位置依然在主位置的左边,而第三主位置在主位置的右边,其他位置依此类推(图6-2)。

(2)长条桌座次安排　长条桌会议座次安排遵循"面门为上"的原则。长条桌面对会议室门的一排位置为客方座位,即外单位人员或上级领导来访时坐的位置,长条桌背对会议室门的一排位置为主方位置,即单位内部人员坐的位置,便于双方面对面交流沟通。其中,每个单排的座次与主席台座次安排一致(图6-3)。

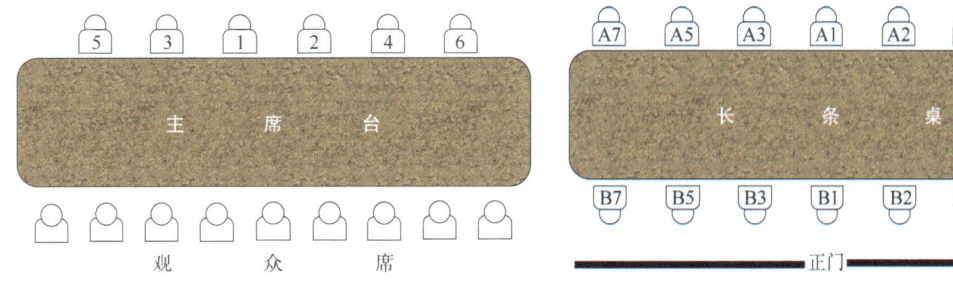

图6-2　主席台座次安排2

(A为客方,B为主方)
图6-3　长条桌座次安排

(3)沙发室会议座次安排　沙发室座位安排通常以主宾为中心。主宾应坐在较为舒适且突出的位置,可在通常被认为较为重要的主沙发区域的中间位置。主人坐在主宾的旁边,以方便交流互动,其他陪同人员根据身份、地位依次在两侧就座,确保整个座位布局既体现对主宾的尊重,又便于各方交流沟通(图6-4)。

(4)签字仪式的座次安排 双方签字时,主方坐在签字桌的左边,客方在主方的右手边。其余人员人数一般对等,按"主左客右"的顺序安排座次(图6-5)。

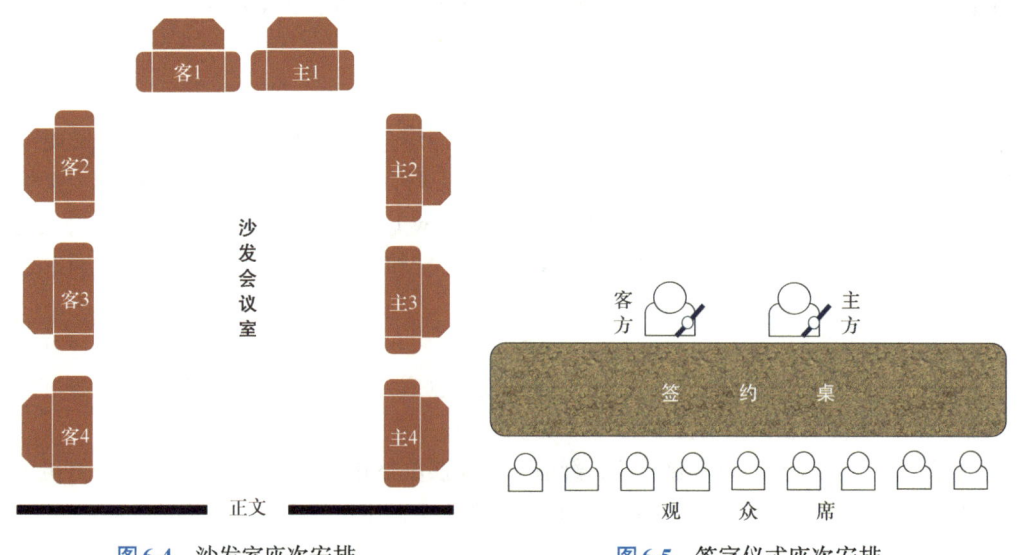

图6-4 沙发室座次安排　　　　　图6-5 签字仪式座次安排

(5)合影座次安排 合影座次安排与主席台座次安排一致,遵循"左高右低"的原则安排座次。

1)人数为单数时的座次安排(图6-6)

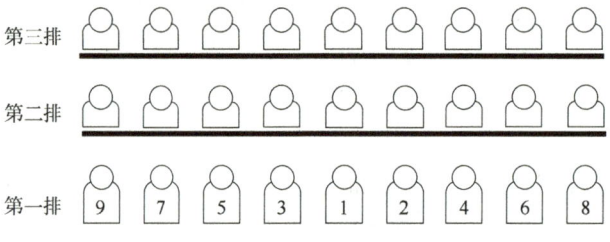

图6-6 单数人数合影的座次安排

2)人数为双数时的座次安排(图6-7)

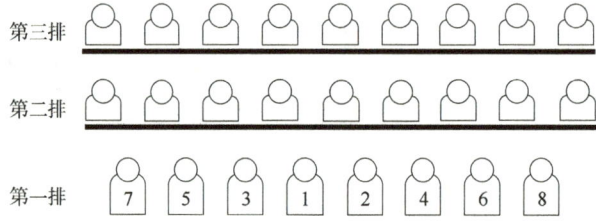

图6-7 双数人数合影的座次安排

除此之外，在座次安排时，要充分考虑与会人员的身份、地位和交流需求，确保座次安排合理、有序，有助于会议整体流程的顺利进行。

4. 资料准备　准备充足的会议资料，主要包括会议文件、报告、宣传资料、笔记本、笔、文件袋等，并统一分发给与会人员。

（二）会中表现

1. 准时参会　守时是会议礼仪的首要原则。与会人员应提前5～15min到达会场，提前到达会场既是对他人的尊重，也能让与会人员自己有充分的时间做会议前准备。如若迟到，不仅会打断会议进程，还会影响个人礼仪形象。

2. 遵守规范

（1）着装规范　着装规范直接体现与会人员的专业态度。着装应与会议性质和文化特点相符，如与会人员参加正式会议，应着正装；参加非正式会议，可根据会议主题或者与会人员们的文化背景选择适宜的着装。但无论何种会议，与会人员都应保持个人形象整洁得体，避免过于随意或夸张。

（2）举止得体　保持良好的肢体语言，如端正的行姿、站姿和坐姿，适时的目光交流以及适当点头表示认同等；避免在会议进行中大声喧哗或窃窃私语。如遇紧急情况必须离会，应轻声离场，避免干扰他人，保障会议顺畅进行。

（3）设备管理　个人的电子设备管理是现代会议要求遵守的礼仪规范之一。在会议开始前，将手机或智能手表调至静音或关机，非必要不使用平板电脑等电子设备。

3. 会议发言

（1）发言时机　发言时机把握至关重要。在他人发言时要认真倾听，待其发言完毕后再表达自己观点；如有补充，应先征得主持人同意，再进行补充发言。避免随意打断他人发言，打断他人发言是极不礼貌的行为。

（2）发言内容　发言应紧扣主题、简明扼要、条理清晰，避免离题或者过于激烈的争论。发言时，适度使用专业术语，要确保所有与会人员都能理解，以防造成自我炫耀的误会。发言时间控制在合理范围内，避免冗长重复。

（3）适时回应　倾听和回应在会议中同样重要。应认真听取他人意见，尊重他人观点，适时点头示意，并对不同观点保持开放态度，理性讨论，避免情绪化争论。

4. 会议主持　会议主持人应提前熟悉会议议程，掌握每个议题的核心要点。会前确认与会人员名单，了解主要发言人的背景信息。主持人要控制好会议进程，确保每个议题在规定时间内完成，并在会议进行中适时引导讨论方向，避免偏离会议主题；对超时发言者要礼貌提醒。主持人应适时调整会议气氛，化解尴尬局面，平衡各方发言机会，保障会议高效有序进行。

（三）会后跟进

1. 会议结束

（1）有序离场　待主持人正式宣布会议结束后，与会人员应按顺序离场，避免拥挤。离场时应保持安静，避免大声喧哗或接打电话。如果座位较靠前，应等待后排人员先行离场，避免造成拥堵。

（2）整理个人物品　离开会场前应整理好个人物品，确保不遗漏重要文件或物品，并将座椅归位，保持会场整洁。离场时务必带走个人垃圾，如矿泉水瓶、纸巾等，维护会场卫生。

（3）礼貌道别　与邻近的参会者礼貌道别，如有需要，可与相关人员约定后续沟通的事项和再次见面的时间。对会议组织者和工作人员表示感谢，肯定其付出以及祝贺会议的顺利完成。

2. 会后跟进

（1）会议纪要整理　会议组织者应及时整理会议纪要，确保内容准确、完整。整理的会议纪要应包括会议时间、地点、参会人员、主要议题、讨论内容、决议事项等，且会议纪要应在会后24h内分发给所有参会人员，确保信息及时传达。

（2）决议事项跟进　根据会议决议，明确责任人和完成时限，制订详细的行动计划。定期跟进决议事项的执行情况，确保按时完成。如遇困难或延误，应及时沟通，寻求解决方案。

（3）反馈与改进　会议组织者及时收集与会人员的反馈意见，了解会议效果和改进空间，并对反馈意见进行分析，制订改进措施，提升未来会议的质量。对表现突出的工作人员给予表扬和鼓励，增强团队凝聚力。

3. 关系维护

（1）会后沟通　如有未尽事宜，应及时与相关人员沟通，确保问题得到解决。对会议中提出的建议和意见，应给予积极回应，展现诚意，并通过邮件、电话等方式，定期保持与参会人员的联系，促进信息共享。

（2）关系维护　对会议中结识的新朋友，应保持联系，建立长期合作关系。可定期组织非正式的交流活动，增进团队感情，提升协作效率。对会议中给予自己帮助的人员，表达感谢，巩固良好关系。

（3）个人形象维护　会后应总结个人表现，反思不足之处，不断提升会议礼仪素养。对会议中获得的认可和赞扬，应保持谦虚并继续努力。通过持续学习和实践，提升专业能力，树立良好的职业形象。

第2节　商务谈判礼仪

商务谈判礼仪在商务活动中起着关键作用。它涵盖了谈判前的准备、谈判中的言行举止以及谈判后的跟进等多个方面。遵循商务谈判礼仪，能够展现出谈判者的专业素养和对对方的尊重，有助于建立良好的谈判氛围，增加谈判成功的概率，为企业间的合作奠定坚实基础。

一、谈判前礼仪

（一）充分准备

1. 了解对方　掌握谈判对方的信息，包括对方公司的背景、业务范围、市场声誉、谈判代表的个人信息等，有助于在谈判中找到共同话题，增加彼此的亲近感，并预测对方可能的立场和需求。例如，在与一家美容机构进行谈判前，需要了解这家美容机构的服务项目及特色，包括了解是否有独特的美容技术或护理套餐；了解其市场份额，在同行业中的地位以及主要竞争对手；分析其竞争优势和劣势。此外，还应了解谈判代表的教育背景，如是否有医学、美容相关的专业背景，是否在美容行业有丰富的经验等。掌握谈判对方的信息有助于在谈判中有的放矢，提高谈判的成功率。

2. 确定目标　明确己方在谈判中的核心利益和底线，制订清晰、可衡量的谈判目标，同时准备多个备选方案，以应对可能出现的情况。例如，在一次关于采购一批美容产品或美容服务的谈判中，己方目标确定为在确保产品安全有效的前提下，将价格控制在预算范围内，同时争取获得更多的赠品、延长产品保质期或服务期限，以及增加美容培训课程的次数等。

3. 组建团队　根据谈判的性质和规模，选拔具有相关专业知识、经验丰富、沟通能力强的人员组成谈判团队。明确团队成员的分工和职责，确保在谈判中能够协同作战。若谈判涉及技术、财务和法务等多个方面，应分别挑选相关领域的专业人员，如技术专家、财务分析师和律师，组成谈判团队，并明确技术专家负责评估产品性能，财务分析师负责核算成本，律师负责审核合同条款等。

4. 收集资料 收集与谈判主题相关的市场数据、行业报告、法律法规等资料，为谈判提供有力的支撑和依据。例如，仍是关于采购一批美容产品或美容服务的谈判，需要收集同类美容产品的市场价格范围、美容行业的最新趋势报告、相关的质量监管法律法规以及其他企业采购美容产品或服务的成功案例等资料。

5. 场地安排 如果谈判在己方场地进行，要提前布置好会议室，确保环境整洁、舒适、安静。如果在对方场地或第三方场地进行谈判，要提前了解场地的情况，做好相应的准备。

（二）预约谈判

1. 提前预约 确定谈判的时间、地点和参与人员，提前通过电话或邮件的形式与对方进行预约，预约时要说明谈判的主题和目的，以便对方做好相应的准备。例如，电话预约时，可以说："您好，我们是×××公司，希望与贵方在下周一下午两点钟，在我方公司会议室就产品研发合作事宜进行谈判，参与人员包括双方的业务负责人和技术人员，不知方便否？"

2. 确认细节 当天预约时，要与对方进行二次确认，明确谈判的时间、地点、参与人员、事宜等细节，确保双方信息一致。并在预约后的第二天再次与对方确认，可以说："尊敬的×××先生/女士，昨天我们预约了下周一下午两点钟的关于产品研发合作的谈判，地点是在我方公司的会议室，参与人员包括双方的业务负责人和技术人员，请问您这边是否已经知晓并做好准备？"

3. 发送资料 在谈判前三天可以按照对方需求，向对方发送己方的产品介绍、市场调研报告等相关资料并附上说明，方便对方进行研究和准备。发送资料的同时，可以说："尊敬的合作伙伴，为了让我们的谈判更加高效，现将我方的部分资料提前发送给您，供您参考。"

（三）形象塑造

1. 仪表着装 在商务谈判的着装中，男士穿着深色同色系商务西装套装，内搭浅色衬衫和深色领带，如深蓝色西装套装内搭白衬衫和深蓝色领带，展现出谈判者的庄重、严肃与专业。女士穿着同色系商务套装或套裙，颜色深浅不限，主要根据女士的年龄和肤色来决定套装或套裙的颜色。谈判者要保持头发整齐、面容整洁，注意整体个人卫生。

2. 礼仪举止 男士和女士的站姿要符合五要素，做到头正、肩平、臂垂、躯挺和并腿，坐姿多采用标准式坐姿或前伸式坐姿，展现自信、稳重的姿态。与人交流时要保持微笑，眼神真诚、专注且友好，避免眼神游离或过于犀利。谈判过程中，不要频繁看表、查看手机等，容易造成不尊重或者不重视对方的感觉。同时，谈判过程中也要注意使用礼貌用语，如"您好""谢谢""请"等。

二、谈判中礼仪

（一）开场

1. 准时到达 谈判双方按照预约的时间准时到达谈判地点，如有特殊情况无法按时到达，要提前通知对方并表示歉意。例如，谈判一方在前往谈判地点路途中，遇到交通堵塞，导致无法按时到达谈判地点，应及时致电谈判另一方进行说明并表达歉意，可以说："不好意思，路上堵车较为严重，可能会迟到10min，非常抱歉给您带来不便。"

2. 营造氛围 在正式谈判开始前，可以进行适当的寒暄，如谈论天气、交通等轻松的话题，缓解紧张气氛，营造友好、和谐的谈判氛围，可以说："今天天气晴朗，希望我们的谈判效果也能像天气一样好。"

3. 问候与介绍 谈判双方进入谈判场所后，要主动问候对方代表并进行自我介绍。一方谈判代表介绍时要简洁明了，重点介绍自己的姓名、职务和职责，然后按照事先确定的顺序，依次介绍本方团队成员。例如，谈判双方进入会议室后，一方谈判代表主动微笑着说："各位早上好，很高兴与大家见面，我是×××公司的×××（姓名），这是我们的团队成员。"然后依次进行成员介绍。

(二) 沟通

1. 语言准确 谈判中，使用清晰、准确、文明的语言进行表达，避免使用模糊、歧义或粗俗的词汇。语速适中、语调平稳、声音洪亮，确保对方能够听清和理解自己的意思。例如，在谈判一方阐述己方观点时，可以清晰表达，说："我们认为，在产品价格方面，基于目前的市场行情和产品质量，这个报价是合理且具有竞争力的。"

2. 认真倾听 谈判一方要认真倾听对方的发言，不要打断对方。在倾听过程中，可以通过点头、微笑、眼神交流等方式表示自己在关注和理解对方的观点，必要时，可以做笔记，以便后续回应和讨论等。

3. 及时回应 谈判一方发言结束后，谈判另一方要及时进行回应，表达己方观点。回应时要尊重对方的意见，避免直接反驳或批评。回应中如有提问，提出的问题要简明扼要，有针对性，避免提出过于宽泛或与议题无关紧要的问题。例如，在谈判一方发言结束后，另一方回应说："感谢您的介绍，我方理解您方的立场，但对于其中的×××观点，我方想再进一步了解。"提问时，可以说："请问贵方在产品交付时间上能否再提前一些？"等诸如此类的问题。

4. 注重非语言沟通 在谈判过程中，除了语言表达，非语言沟通也会传达某种信息给对方，影响谈判的顺利进行。谈判过程中要注意自己的肢体表现、面部表情和眼神交流，保持良好的姿态。避免做出过于夸张或不恰当的动作和表情，如摇头晃脑、左顾右盼、交叉抱胸、敲桌抖腿等，这些动作和表情都暗示着不良的心态，给对方传达着负面信息。

(三) 态度

1. 保持冷静 在谈判过程中，无论遇到何种挑战和压力，都要始终保持冷静，避免情绪激动或者失控。不要被对方的言语或行为所激怒，以免影响谈判的进程和结果；即使对方提出尖锐的问题，也应心平气和地回应，可以说："您提出的这个问题我们会认真考虑，但请相信我们一直是抱着诚意来合作的。"

2. 尊重对方 谈判双方在整个谈判过程中要互相尊重，即使双方产生分歧和争议，也要尊重一方的观点和意见。避免使用侮辱性、攻击性的语言，以免引发冲突和矛盾，如有分歧，避免说："贵方想法太荒谬！"而应说："对于贵方观点，我方可能有不同的看法，但我方仍尊重贵方的观点。"

3. 调整心态 当谈判进展不顺利时，要及时调整心态，分析原因，寻找解决问题的方法。避免产生悲观或焦虑的情绪，保持积极、乐观的态度。例如，当谈判陷入僵局，不要急躁，可以说："看来我们在某些方面还需要进一步沟通和探讨，大家先休息一下，整理一下思路。"

三、签约礼仪

(一) 签约准备

1. 审核合同 在签约前，要对合同的条款进行仔细审核，检查合同中的每一个条款，包括价格、数量、质量标准、交货时间、违约责任等，确保没有漏洞和歧义且合同内容符合双方的谈判结果和意愿。如有需要，可以请专业律师进行审核和修改。

2. 准备用品 提前准备好签约需要用的公司印章、笔、文件夹等，确保其完好无损、便于使用，并将其整齐地摆放在签约桌上。

3. 确定细节 提前确定签约仪式的具体时间、地点并通知双方参与人员。签约仪式的场地要布置得庄重、整洁、富有仪式感；座位的安排要体现签约双方的平等和对彼此的尊重，若安排双方代表相对而坐，则应在中间摆放签约桌。

(二) 签约过程

1. 双方代表就座 按照签约仪式的座次安排，双方代表依序就座，坐下后彼此互道友好。

2. 主持人开场 由签约仪式主持人介绍签约的背景、目的和双方代表，并宣布签约仪式的开始。例如，主持人说："尊敬的各位领导、嘉宾，今天我们在这里隆重举行×××项目的签约仪式。首先，允许我向大家介绍今天出席签约仪式的双方代表……"

3. 双方代表致辞 双方代表分别致辞，表达对合作的期待和信心。例如，甲方代表说："这次合作是我们双方共同努力的结果，相信通过我们的携手合作，一定能够取得辉煌的成就。"乙方代表可以回应说："我们非常期待与贵方的合作，愿我们共同开创美好的未来。"

4. 合同签署 在主持人的引导下，双方代表依次在合同上签字，并分别盖上公司印章。签署时要认真、仔细，确保签名清晰、规范。签署完成后，双方代表要互相交换合同文本并握手表示合作顺利，同时再次确认合同内容。

5. 合影留念 合同签署完成后，双方代表合影留念。合影时，双方代表应起身，手持合同文本，面带微笑，面向镜头，必要时互相握手以展现合作的喜悦和对未来的期待。

(三) 签约后续

1. 庆祝签约 签约仪式结束后，可以举行简单的庆祝活动，如香槟庆祝、共进午餐等。同时，要向对方代表表示感谢，感谢他们在谈判和签约过程中的付出和努力，也可以通过举办小型的庆祝酒会的方式向对方代表敬酒表示祝贺，并说："感谢贵方在谈判过程中的支持与配合，让我们共同举杯，庆祝合作成功！"

2. 执行合同 签约完成后，双方要按照合同的约定履行各自的义务，确保合同的顺利执行。如有需要，可以建立定期的沟通机制，及时解决合同执行过程中出现的问题，同时要安排专人负责跟进合同执行情况，定期与对方沟通交流，及时解决出现的问题。

目 标 检 测

一、单项选择题

1. 管理人员在办公室应如何展现专业形象？（   ）
   A. 穿着随意
   B. 穿着得体，符合职业标准
   C. 佩戴过多饰品
   D. 穿着休闲装

2. 在办公室中，同事之间应如何沟通？（   ）
   A. 通过大声喊叫
   B. 使用电子邮件或内部通讯工具
   C. 通过手机短信
   D. 在公共区域大声讨论

3. 上下级之间应如何表达尊重？（   ）
   A. 忽视对方的意见
   B. 通过适当的问候和礼貌用语
   C. 仅在必要时交流
   D. 避免直接对话

4. 会议中，如何正确地表达自己的观点？（   ）
   A. 打断他人发言
   B. 等待合适的时机，礼貌地表达
   C. 仅在会议结束时提出
   D. 通过贬低他人观点来强调自己的观点

5. 商务谈判中，如何展现诚意？（   ）
   A. 仅关注自己的利益　　B. 寻找共同利益点
   C. 避免讨论敏感问题　　D. 坚持己见，不妥协

6. 在商务场合中，如何正确地结束对话？（   ）
   A. 突然中断对话
   B. 使用"再见"或"期待下次见面"
   C. 直接转身离开
   D. 忽略对方，开始与其他人交谈

二、多项选择题

1. 管理人员在办公室应遵守哪些礼仪？（   ）
   A. 保持专业着装
   B. 使用礼貌用语
   C. 尊重员工的个人空间
   D. 避免在办公室内吸烟或饮酒

2. 同事间应如何维护良好的工作关系？（   ）
   A. 互相帮助　　B. 尊重彼此的意见
   C. 避免办公室政治　　D. 保持开放的沟通

3. 上下级之间应如何进行有效沟通？（　　）
   A. 上级应倾听下级的意见
   B. 下级应尊重上级的决策
   C. 使用清晰的语言交流
   D. 避免在沟通中使用行话或术语
4. 商务宴请中应注意哪些礼仪？（　　）
   A. 准时到达　　　　B. 遵守餐桌礼仪
   C. 适当地敬酒　　　D. 避免过度饮酒
5. 商务谈判中应避免哪些行为？（　　）
   A. 迟到
   B. 中断对方发言
   C. 使用攻击性语言
   D. 忽视对方的需求和利益

（寇晶堃　张　娟）

第7章 美容服务礼仪

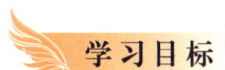

1. 素质目标 培养学生积极主动、热情周到的服务态度,增强职业责任感。提升个人形象和气质,增强自信心。树立良好的职业形象。提高对客户需求和感受的敏感度,通过优质服务,提升客户的满意度和忠诚度。

2. 知识目标 掌握美容护理前、中、后三个阶段以及整形美容手术前、中、后三个阶段的服务礼仪要点、沟通技巧和服务用语,熟悉美容服务礼仪基本规范,了解美容服务行业的发展和行业标准。

3. 能力目标 能够熟练运用美容服务礼仪,提高服务质量。

第1节 美容护理服务礼仪

案例 7-1

顾客张女士预约了一家美容院的面部护理服务。护理开始前,美容师小李询问张女士是否希望在护理过程中交流,张女士表示希望安静享受。小李便在操作过程中保持安静,只是在关键步骤时,轻声告知张女士即将进行的操作和可能的感受。在进行面部按摩时,小李手法专业、力度适中,动作流畅。护理过程中,小李时刻关注张女士的表情和反应,确保她感到舒适。当张女士在护理过程中微微皱眉时,小李轻声询问是否力度过大,需不需要调整。

问题:1. 小李根据张女士的需求提供相应服务的做法,对提升顾客体验有何重要意义?

2. 从这个案例可以看出,美容师在护理过程中关注顾客表情和反应的价值体现在哪里?

一、护理前服务礼仪

(一)准备工作

1. 护理前环境准备

(1)环境清洁 确保美容院及美容室内环境干净整洁,包括卫生间、梳妆台、浴缸、镜子、水龙头、地面及角落处没有水渍、灰尘及头发等。美容院门前也需保持良好形象,不可以随意放置或者晾晒美容用物(如毛巾、衣物、床单等)或私人物品。若门前放置美容相关的宣传板时,要注意摆放整齐、规范,不可东倒西歪,破坏门前环境,避免给顾客留下不良印象。

(2)美容室准备

1)环境准备:确保美容室室内温度控制在25℃左右,湿度控制在45%~50%。根据顾客喜爱的香薰味道为美容室布香;选配顾客爱听的音乐旋律并调整至合适音量;将顾客常喝或喜喝的饮品放在茶几上;灯光调至柔和状态,拉上窗帘,关好门窗,在门外挂上待客牌,以示该房间准备使用。

2）床品准备：各类型号的毛巾按照规则平铺或者折成指定形状，放置在美容床上形成待客状态，并铺上一次性床罩，确保床面光滑平整无褶皱、无发丝，并把消毒过的客用拖鞋整齐摆放于顾客方便穿脱的地方。

3）产品准备：在配料间领取美容项目所需的产品，从左到右按操作流程依次摆放在推车上。准备所需的美容产品和材料时，应检查其保质期，确保产品和材料的新鲜和卫生。

4）浴室准备：将顾客用的浴袍、浴帽、一次性内衣、一次性毛巾、保鲜袋等准备到浴室架子上；通常调节水温至38℃（也可根据客人需要调整至适宜的温度），并确认花洒喷头的方向，避免开启花洒后水流直接喷向顾客。

（3）设备检查　检查项目所需美容设备和工具是否已经消毒，确保其功能正常且用电安全。

2. 护理前接待准备

（1）掌握信息　接待人员首先要掌握顾客基本信息，包括姓名、年龄、职业、联系电话、健康状况等；其次了解顾客美容史，包括是否在美容院做过护理项目，做过哪些护理项目，护理后效果如何，是否过敏等；最后根据顾客的档案和需求，准备个性化的服务方案。

（2）接待准备　做好接待顾客的各项准备工作，包括在接待区摆放舒适的座椅，准备好各类饮品、精致的茶点，如新鲜水果、低糖饼干等，也可以准备各类杂志，让顾客在等待时能够放松心情，感到舒适自在。同时，确保接待区的环境整洁、温馨，温度适宜，音乐音量适中，营造一个愉悦的等候氛围。

（3）仪容仪表　接待顾客的人员应化妆清淡，发型整齐，着装统一规范、合体大方、干净整洁、不漏不透，穿软底鞋，浅色袜，微笑服务，举止规范，带给顾客管理规范、训练有素的直观感受。

3. 护理前美容师准备

（1）预约沟通　顾客预约到店前一天，负责客户项目的美容师应提前通过电话或短信的方式确认其到店时间，避免时间冲突，并清晰告知顾客预约护理的项目、时间、所需准备和相关注意事项。例如，顾客选择的是面部护理项目，提醒顾客当天不要化妆，方便更好地进行皮肤清洁和护理，可以说："尊敬的×××女士/先生，您好！我是×××美容院的美容师小张。明天您预约的是面部护理项目，时间是下午三点，护理时长大约90min，请您最好不要带妆过来做项目，这样能让我们更高效地为您服务，期待您的光临。"如果护理项目需要较长时间，也要提醒顾客提前安排好时间，避免中途被其他事情打扰，可以说："×××女士/先生，您预约的护理项目大概需要2h，请您务必安排好时间，确保能安心享受整个护理过程，谢谢您的配合。"如果需要确认顾客是否有特殊需求或健康问题，可以说："请问您是否对某种护肤品成分过敏，近期有无皮肤问题？"

（2）专业知识　美容师应不断提升自身专业素养，为顾客提供优质服务。将相关的美容护理知识应用到工作中，确保能够应对各种情况。具体而言，首先要明确各类美容服务的项目，清楚不同项目的操作目的。例如，面部清洁护理的目的是去除皮肤表面的污垢和角质，使肌肤更加光滑细腻；而美白护理的目的则是减少色斑、提亮肤色。其次掌握实施各类护理项目所需的物品信息，如面部护理需要洁面产品、爽肤水、精华液、面膜等，可提前为顾客提供护肤品小样、护理建议卡片等。同时，要熟知护理项目实施中的操作要点和注意事项，如在进行面部护理时，按摩力度要适中，避免过度拉扯皮肤，且要在规定时间内完成，避免时间过长或过短产生的不良效果。还需掌握项目操作中意外发生时的应对措施，如顾客在护理过程中出现过敏反应，应立即停止操作，采取相应的急救措施，并及时通知相关负责人。最后为顾客提供美容护肤的家庭护理指导，包括日常护肤步骤、饮食注意事项、生活作息等。通过专业知识的储备，美容师不仅能为顾客提供专业的服务，还能增强顾客对美容机构的信任和满意度。

（3）仪容仪表　美容师要化淡妆，妆面淡雅自然；头发整齐、规范，做到前面刘海不遮眉，侧面头发不掩耳，后面头发不搭肩，头发光滑无异味。美容师要特别注意手部卫生，保持手部清洁，定时消毒，指甲整齐干净无污垢，且长度适中；口气清新、目光专注、微笑服务。美容师的美容服要整洁干净，必要时佩戴手套和口罩。

4. 护理前顾客准备

（1）引导顾客　美容师应将顾客热情地从接待区引导至美容室内，并为顾客端送事先准备好的饮品，可以说："欢迎您，这边请。""您请喝茶，稍作休息。"并协助顾客存放个人贵重物品，更换专用的美容服，可以说："我来帮您把包存放在柜子里。""这是为您准备的美容服，请您更换。"

（2）温馨提示　因美容护理项目服务时间较长，在进行护理前，美容师有必要提示顾客上洗手间，且为共同维护良好的室内氛围，也要提示顾客将手机调至震动模式或者关机，如有必要，在经过顾客的允许下，帮助顾客保管手机。

（3）项目说明　在进行护理前，美容师要向顾客介绍护理产品、护理的流程、护理中可能产生的感受和皮肤发生的正常反应等。进行说明时，要发音清晰、语速适中，方便顾客理解。介绍护理产品时，要讲清成分及作用，可以说："本次护理项目所用的产品含透明质酸钠，能保湿，还有神经酰胺，可增强皮肤屏障"。介绍护理流程时，要说明每个步骤的目的、预计时长和效果，可以说："接下来的面部护理，会先为您进行深层清洁，其间可能会有轻微的刺痛感，这是正常的，您不必紧张，但如果您感到异常疼痛，请及时告诉我；接着为您进行补水和营养导入，整个流程结束后，您会感觉皮肤清爽水润。"

（4）心理安抚　对于初次接受护理或容易紧张的顾客，应及时进行心理安抚和鼓励，可以说："您别紧张，很多顾客第一次做也会担心，但护理的时候和护理后的效果都非常令顾客满意。"遇到顾客对护理的情况有疑问，应认真解答顾客的疑问，确保其放松并愿意接受护理。例如，顾客问："这个护理会不会很疼？"可以回答说："不会的，我们会根据您的皮肤状况调整护理的力度或产品，请您放心。"

（二）行为规范

1. 微笑服务　以微笑迎接顾客，营造热情和友好的氛围。当顾客进入美容院时，每一位工作人员都应该主动向顾客行礼，以真诚的微笑迎接，并用温和的语气问候，让顾客有宾至如归之感。

2. 姿态优雅　行礼形式以鞠躬礼为佳。为顾客引导时，可微微侧身，做出引导的姿势，手臂动作自然流畅，当指示方向时，用手掌而非手指，动作优雅大方，步伐轻盈稳重，保持规范优雅的站姿和坐姿。与顾客相对而坐，面对面交谈时，身体可微微倾向顾客，表现出专注和倾听的态度，同时注意保持适当的距离；为顾客递交物品时，应双手递送，双手接收，正面朝上，目光专注，微笑示意；与顾客在门口相遇时，遵守"尊者优先"的原则，请顾客先进先出，行点头礼，微笑问好。

3. 保持安静　在顾客进入美容室后，美容师就要开始保持室内环境的安静。避免大声喧哗，说话介绍时声音要轻柔；移动桌、椅等物品时，要小心谨慎，避免发出过大声响。美容师或其他工作人员需要交流时，尽量轻声低语或通过非语言方式进行沟通。同时在进行护理前，确保所需美容设备运行声音在顾客可接受范围内，如有噪声较大的设备，应告知顾客并采取相应的降噪措施。

（三）恰当沟通

1. 适时赞美　美容从业人员可以根据顾客的具体情况，适时地给予顾客赞美。赞美要真诚自然，赞美者要善于发现对方值得称赞的地方。赞美顾客的身型，可以说："您的身材真好，一看平时就注重保养。"赞美顾客的气质，可以说："您的气质非常独特，一走进来就吸引了我们的目光。"赞美顾客的容貌，可以说："您的五官很精致，皮肤状态也特别好。"观察到顾客的一件首饰很漂亮，可以夸赞说："您的这条项链设计真独特，很适合您。"赞美顾客的服饰，可以说："您今天穿着很时尚，很有品味。"经过一段时间的调理，发现顾客的精神状态越发饱满，可适时地说："您这段时间的精气神真好，充满活力。"对于皮肤状态好的顾客，可以赞美说："您的皮肤光滑细腻，真让人羡慕。"通过这些赞美，提升顾客的愉悦感。

2. 注重倾听 给予顾客充分的表达机会，认真倾听他们的需求、担忧和期望，做到理解顾客，从倾听中掌握顾客的习惯、喜恶等。美容从业人员可以从与顾客的交流中，通过倾听掌握顾客对护理的个性需求、力度偏好或者是否愿意在护理过程中与美容师有所互动、交谈等。例如，顾客在护理前，向美容师讲述自己的皮肤问题，美容师在倾听客户讲述时，不时点头，并回应说："嗯，我了解了。"让顾客时刻感受到被关注。在倾听的过程中，要避免打断顾客的讲话，时刻展现出耐心和专注。

3. 恰当提问 运用开放性提问方式与顾客深入交流，以便获取更多关于顾客的信息，提供更精准的服务。例如，为了了解顾客近期产生皮肤问题的原因，可以询问："您最近的生活作息有没有什么变化，如总是熬夜或者总是夜里惊醒？"避免使用封闭式问题，如直接问："您是不是觉得最近皮肤很干？"这样能够使顾客表达得更多，使美容师从更多的方面掌握顾客情况。

4. 积极回应 对顾客的表述给予积极的回应，鼓励顾客提供反馈意见，及时调整服务以满足顾客需求。通过与顾客分享专业知识和对待顾客的真诚态度建立顾客的信任。例如，当顾客表示担心护理效果时，可以回应说："您的担心很正常，我也很理解，不过给您提供的这种护理项目绝大部分都非常成功，您可以放心，并且我相信您会看到满意的效果。"而不能敷衍或否定顾客的感受，直接说："这有什么好担心的。"

5. 把握尺度 在与顾客沟通中，要把握尺度，尤其是在推销产品或服务项目时，要尊重顾客的意愿，即使顾客对某个产品或者服务项目表现出兴趣，也不进行强烈推销，可以顺势提供给顾客试用样品或服务体验项目，让实物或者体验代替语言，使顾客更能真切感受到产品或者服务的优势。例如，顾客对一款新的美白精华产品表现出兴趣，此时，美容师可以说："这款美白精华确实效果不错，很多顾客用了反馈都很好。我先给您一个试用装，您回去试用看看，如果用得还不错，您再考虑购买。"避免说："您看您皮肤这么暗沉，这款精华您可得买，否则您这皮肤就难修复了。"

二、护理中服务礼仪

（一）行为规范

1. 专业操作 美容师应用专业且准确的手法为顾客进行护理，手部动作流畅娴熟、力度适中，避免突然的动作或者过大的力度，同时保持面部表情平和，展现专业的工作态度。例如，在进行面部护理时，美容师使用专业的按摩手法，确保每个动作精准而柔和，坐姿应保持腰部挺直，上身略微前倾，双膝并拢，双脚分开（以双腿能置于美容床下的宽度为宜）（图7-1）或者双脚并拢，前伸至美容床下。

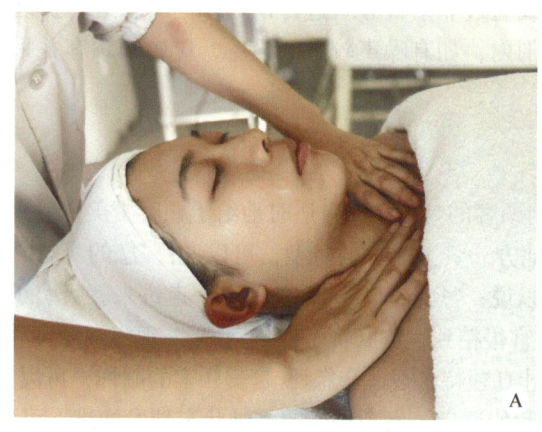
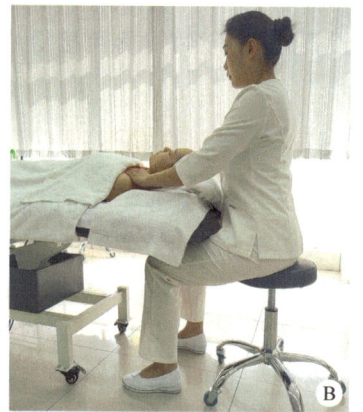

图7-1 专业操作
A. 手部动作；B. 腿部动作

2. 保持安静　在护理过程中，顾客处于放松或者休息状态，美容师要避免发出刺耳的声响或自身身体发出异响，移动工具或者物品时，动作也要轻。例如，当顾客表示要休息时，美容师应立即降低室内背景音乐音量，并确保所有操作都尽可能安静。

3. 使用态势语言　在护理过程中，适时的微笑和肢体语言有助于传达友好和专业的态度。保持真诚的微笑能够向顾客传递温暖；保持开放的姿态，使用温和的手势对顾客进行指导或者说明。在整个护理过程中避免抓痒、摸脸、挖耳朵、抠鼻孔、拨弄头发、交叉双臂等动作；适时的眼神交流可以表达对顾客的关注和尊重，但应避免长时间直视，以免造成对方的不适。同时也要注意观察顾客的面部表情和肢体语言，以更好地理解对方的感受。

4. 注重个人卫生　在更换工具或产品时，确保手部卫生，避免接触污染。

（1）注意手部卫生　美容师在工作前后以及在接触不同顾客时，都应使用消毒液、香皂和水彻底清洁双手，防止细菌和病毒的传播。

（2）注意工具更换　在更换护理工具或者产品时，应使用一次性手套，避免直接用手接触，减少交叉感染的风险。

（3）注意佩戴口罩　美容师穿着整洁的工作服同时，必要时也需佩戴口罩，以保护顾客和自身健康，如打喷嚏时不要面对顾客，应转过身压低声音，事后洗手更换口罩。

（二）适时交流

1. 询问需求　在护理过程中，密切留意顾客的反馈，适时询问他们的感受和需求，如每隔一段时间可以轻声、适时地询问："您感觉这样的力度可以吗？如果需要调整，请告诉我。""您有没有觉得哪里不舒服？""您放松一些，护理马上就要结束了。""您先休息一下，我把灯光调暗些"。与顾客在恰当时机进行交流，确保顾客感到舒适和被关注。

2. 避免单方面讲话　避免在护理过程中单方面讲话，应当尊重顾客交流的意愿。一般顾客在做护理项目时，都会进入休息状态，如没有得到顾客意愿交流的信息，美容师尽量不要与顾客聊天、推销产品或者和同事聊天、说笑等，如必须要与同事沟通交流，说话声音要低，内容简短明了，也可以多使用眼神、手势等态势语言示意，以免打扰顾客休息。

（三）尊重隐私

1. 保护顾客信息　对顾客的个人信息严格保密，不与他人讨论。即使在团队会议中，美容师也避免提及顾客的具体信息，只讨论如何改进服务。

2. 避免私人问题　避免询问或讨论顾客的个人生活、财务状况或家庭问题；避免对顾客的外貌举止、身体情况、美容项目、消费能力等情况进行背后议论和传播；避免与顾客讨论涉及宗教、政治或者任何可能引起争议的话题。如果顾客愿意或者出于护理服务的需要主动分享个人信息，美容师应以听为主，不要过度追问。

3. 提供私密空间

（1）美容房间　设立单独的美容房间，每个房间都配备了必要的家具，如美容床、储物柜、梳妆台等，确保顾客在进行美容服务时享有私密性。

（2）服务区域　根据服务内容，如面部护理、身体按摩、脱毛等，设置不同的定制化服务区域，每个区域都有可调节的照明设备和温度控制，让顾客在舒适的环境中享受服务。

（3）休息区域　设立独立的休息区域，供顾客在等待或服务结束后休息，与其他顾客保持适当的距离。

（4）性别分区　对于不同性别的客户服务，应设置男性或者女性专用区域，以增加顾客的舒适度和私密性。

（5）隔音措施　在每个独立房间内使用隔音材料，如隔音棉、隔音板等，减少外界噪声的干扰，确保顾客在服务过程中不被打扰。

（6）隐私帘幕　在开放式环境中，使用可拉动的帘幕来分隔不同的服务区域，顾客在接受服务时可以拉上帘幕，保护个人隐私。

（7）预约制度　通过预约制度控制店内顾客人数，避免过多顾客同时在场，减少等待时的尴尬和不必要的接触。

（四）紧急情况处理

1. 遵循原则

（1）安全第一　任何情况下，保障顾客的生命安全都是首要原则。发生危险时，应立即停止可能导致伤害的操作，移除危险源并迅速评估伤情，必要时立即拨打急救电话并安排专人引导施救。

（2）专业操作　美容机构所有员工应接受急救培训，掌握基本急救技能。发生紧急情况时，保持冷静，按照应急预案有序处理并及时通知机构负责人，启动应急响应机制。

（3）及时沟通　第一时间与顾客及其家属沟通，如实说明情况并表达关切。配合相关部门调查，提供所需资料，根据调查结果，承担相应责任，积极协商解决方案。

（4）总结反思　事后分析事件原因，总结经验教训。完善应急预案，定期检查设备设施，消除安全隐患，加强员工培训，提升应急处理能力。

（5）人文关怀　关注顾客和员工的心理状态，提供必要的心理支持或者聘请专业心理咨询师进行干预。

2. 常见紧急情况

（1）顾客身体不适　询问顾客具体情况，如果顾客表示需要休息或者需要帮助，应立即停止服务，提供必要帮助，如提供温水、食物、休息场所等。情况严重时应立即联系紧急医疗服务。

（2）顾客晕倒昏迷　立即将顾客平放在安全的地方，保持呼吸畅通，如有条件可进行心肺复苏，同时拨打急救电话，告知急救人员情况。

（3）顾客过敏反应　立即停止使用任何产品，用清水冲洗顾客面部。如有必要，及时给予顾客服用抗过敏药物并密切观察顾客状况。如果情况严重，应立即拨打急救电话，并告知医护人员可能引起顾客过敏的过敏原。

（4）烫伤或化学烧伤　迅速用大量清水冲洗烫伤或烧伤部位至少15min，以减轻伤害并尽快就医。避免使用冰块或者冰水，导致皮肤损伤加剧。

（5）设备故障　立即关闭设备电源，检查设备是否有过热、短路等问题。如果无法立即修复，应告知顾客并安排其他服务或者预约其他日期再进行项目。

（6）突发停电　当发生停电时，要保持冷静，安抚顾客。立即启动备用电源，如果没有备用电源，应使用手机光源或者应急灯等，安全引导顾客离开。

三、护理后服务礼仪

（一）化妆服务

在美容护理完成后，根据顾客需求提供化妆服务，这种服务可以帮助顾客更好地展现美容护理的效果，提升整体形象。

1. 了解需求
询问顾客是否有化妆需求，结合顾客喜好的妆面风格和将要出席的场合为顾客设计妆面。例如，在为顾客完成一次面部护理之后，美容师在为顾客穿戴好衣物后，感觉出顾客神色略显匆忙，此时，美容师可以询问说："×××女士/先生，您一会儿是否有重要的活动要参加？我们可以为您提供快速且专业的化妆服务，帮助您保持最佳状态。"

2. 提供选择
根据顾客的需求，为其提供各种化妆造型以供选择。询问顾客意愿时，可以说："根据您要去的场合，我们为您提供两种比较适合的妆面，一个是自然大方的清新妆容，一个是较为明艳的精致妆容，您更喜欢哪一种？"

3. 选用产品 根据顾客皮肤状态，选用高品质、无伤害的化妆品和化妆工具。在进行化妆服务前，首先要将化妆工具进行清洁消毒，确保卫生安全，然后美容师在向顾客介绍化妆产品时，可以说："女士，为您化妆所使用的化妆品都是安全且适合您肤质的，比如这款粉底液，它的遮瑕效果自然，还能保持肌肤的水润，正好适合修饰您的皮肤。"

4. 服务流程

（1）评估 与顾客沟通，同时观察顾客的肤质、肤色、脸型、眼睛形状等特征，为化妆做好准备工作。

（2）清洁 根据顾客前期进行的护理项目，适当使用温和的清洁产品帮助顾客清洁面部，并根据顾客的肤质，选择合适的妆前护肤产品进行基础护理。

（3）化妆 选择适合顾客肤质和肤色的粉底打造自然无瑕底妆并定妆；修整眉形，画眉使眉形立体；根据顾客的眼型、比例和出席的场合需求，选择合适的眼影色和眼线形状打造眼妆；结合眼影色和顾客的脸型选择合适的腮红颜色和位置，扫出腮红，增添气色；最后选择合适的口红颜色，勾勒唇型，均匀涂抹打造唇妆。

（4）检查 检查整体妆容是否自然干净，有无脱妆或晕妆现象。询问顾客是否满意，根据顾客意见对妆面进行适当调整。

5. 化妆建议 在化妆完毕后，美容师可向顾客提供专业的化妆建议、护肤知识和化妆后注意事项，包括化妆工具的清洁和保养，保持妆容的方法、适合的妆面风格和妆色、科学卸妆方法等。提供专业的美容护理后的化妆服务不仅能够提升顾客的满意度，还能提升美容院或美容师的专业形象。

（二）诚恳关怀询问

1. 关怀询问 护理结束后，美容师应关切地询问顾客是否有任何身体上的不适或者需要重点关注的地方，可以说："×××女士/先生，在护理过程中您有没有觉得哪里不舒服或者有任何异样的感觉？"或者说："您现在感觉皮肤有没有什么异样的感觉？""有没有需要我们协助的家庭护理项目？""欢迎您对我们的服务随时给予反馈。"

2. 收集反馈 美容师或者其他美容从业人员应当积极主动地收集顾客的反馈和建议，为日后的护理服务提供改进意见，不断优化护理服务流程与质量，提升顾客满意度，推动美容机构的可持续发展。除了当面收集顾客反馈意见，美容师或者其他美容从业人员也可以通过顾客满意度调查问卷收集反馈意见，同时温和地说："×××女士/先生，耽误您几分钟帮助我们填写这份问卷，让我们更好地了解您对这次护理的更多真实感受，这对我们提升服务质量非常重要，谢谢您的协助。"

3. 表达感谢 积极对顾客选择本次服务表示衷心的感谢。当面感谢时，目光要真诚地看向顾客，说："非常感谢您一直以来对我们的信任和支持，期待再次为您服务。"或者说："非常感谢您选择我们美容机构为您提供护理服务，您的信任是我们最大的动力！"或者在顾客离开后的当日发送短信、微信或者邮件以表感谢，内容可以写："尊敬的×××女士/先生，感谢您今日在本店享受美容服务，期待您的美丽蜕变，祝您生活愉快！"

4. 提供帮助 护理结束后，应主动协助顾客下床，帮助顾客更换美容服并整理随身携带的物品，辅助顾客佩戴好饰品，同时细心观察顾客的状态，及时提供相应的帮助。例如，美容师观察到顾客在护理结束后略显疲惫，应主动说："您可以在休息区稍微坐一会儿，我给您准备一杯养生茶，解解乏。"

5. 后续联系 护理结束后，向顾客提供便捷的个人或者美容机构的联系方式，如电话号码、微信公众号或者电子邮箱等，便于美容师询问护理效果或者顾客咨询和预约护理项目，并在几天后再次跟进，询问护理效果和满意度。例如，美容师在顾客准备离开前，双手递上名片并语气温和地说："×××女士/先生，这是我的名片，上面有我的联系方式，如果您在居家护理中有任何问题,请随时联系我,也欢迎您提前预约下次的护理时间,祝您生活愉快。"并在几天后再次电话跟进,可以说:"您好,×××女士/先生,我是上次为您服务的美容师,想问问您这几天护理的效果怎么样?您对上次的护理是否满意呢?"

(三)科学指导

在护理结束后,根据顾客的护理项目进行相关内容的美容指导,给予顾客居家护理的注意事项,帮助顾客树立居家护理的信心,提升护理效果。

1. 解释护理效果　向顾客清晰地解释并说明护理后皮肤或者身体状态以及预期能够达到的效果。向顾客解释护理后的皮肤状态,可以说:"护理后您的皮肤可能会稍微有些敏感,今晚回家后请使用温和的洁面乳和保湿霜。避免使用含有酒精的化妆水或其他刺激性产品。"向顾客说明护理后皮肤的预期效果,可以说:"此次护理对您的毛孔进行了深层清洁,补充了水分和营养,近期您会发现皮肤更加有光泽。"或者提示顾客说:"×××女士/先生,经过此次护理,您的皮肤得到了深层清洁和滋养,会变得更加光滑细腻,但短期内可能会有轻微泛红,这是正常的新陈代谢反应,您不必担心。"

2. 提供护理建议　依据顾客的皮肤或者身体状况,定制个性化的日常护理建议。例如,顾客的皮肤属于干性皮肤,在日常护理中,美容师可以建议:"日常您要注意多喝水,每周至少敷三次保湿面膜,另外最好选择滋润度高的护肤品。"或者对于顾客日常防晒,可以建议:"护理后的一周内,要特别注意防晒,尽量避免长时间暴露在阳光下,外出一定要涂抹防晒霜,打遮阳伞,防止紫外线伤害皮肤。"语言诚恳,语气坚定,强调内容的重要性。

3. 传授护肤技巧　向顾客传授正确的居家护理步骤和手法,有利于顾客更科学地执行日常护理操作,保证护理效果。例如,顾客在日常使用面霜时,为了使面霜更有效地被皮肤吸收,美容师应指导顾客正确涂抹面霜的方法,可以边示范边说:"涂抹面霜的时候,您可以用指腹从下颌往上轻轻按摩,这样有助于促进面霜的吸收,同时还能起到提拉紧致皮肤的作用。"

4. 选择护理产品　根据顾客的皮肤、身体状况以及护理项目,指导顾客选择适合的日常护理产品,有助于保持护理效果。例如,指导顾客选择精华类产品时,可以说:"这款精华液富含多种植物精华,能有效锁住水分,增强皮肤的屏障功能,很适合您现在的皮肤状况。"

第2节　整形美容服务礼仪

案例7-2

李女士是一名求美者,通过朋友介绍来到某医美机构,经过该机构咨询师专业的沟通和专家会诊,李女士决定在该机构做重睑手术。在签署知情同意书环节,该机构王医生穿着运动装直接接待了李女士。因为李女士为乙肝患者,王医生得知后,告诉李女士乙肝患者做手术不仅自身存在手术风险,而且其他接触李女士的人员也存在染病风险,建议手术增加费用。其间,李女士询问王医生是否有效果对比照片时,王医生没有理睬。李女士面对王医生的态度,坚决要求退费。

问题:1. 李女士为什么要退费?
　　　2. 王医生在术前服务礼仪中违反了哪些原则?

一、术前服务礼仪

(一)环境与人员准备

医护人员通过规范化环境管理、仪容仪表、语言艺术、沟通技巧及行为规范,传递专业性与人文关怀,不断提升求美者对医疗服务的信任与体验。医护人员不断完善自身的形象,也会给医院带来更大的社会效益。

1. 手术室环境准备与隐私保护 在整形美容手术的术前准备中，手术室环境的布置与氛围营造直接影响求美者的心理状态与手术配合度。一个专业、舒适且安全的环境不仅能够缓解求美者的紧张情绪，更能体现机构的服务品质与管理水平。

（1）环境准备 手术室的物理环境需符合严格的医疗标准。室内温度保持在21～25℃之间，湿度保持在30%～60%之间，避免求美者因过冷或过热而产生不适。手术区域的灯光需确保无影灯的精准照明，候诊区或者准备区宜采用柔和的间接光源，避免刺眼的强光直射。墙面的色彩选择应以低饱和度的冷色调，如淡蓝色或浅绿色为主，这类色调被证实能够有效降低焦虑水平。背景音乐选择舒缓的轻音乐，音量控制在40dB以下，确保不会干扰医疗沟通。手术室必须严格执行消毒流程，使用一次性耗材，所有器械与设备应摆放有序，避免设备器械摆放杂乱无章引发求美者的不安。手术室内不必要的医疗设备或药品应妥善收纳，减少视觉上的压迫感。工作人员在环境准备过程中需保持低声交流，避免无关的谈话或噪声，确保求美者能够在一个安静、专注的环境中调整心态。

（2）隐私保护 环境的布置要充分考虑求美者的安全感和舒适度。独立诊室实行"一人一室"制度，并配有隔音设计，杜绝信息外泄；手术室的门窗应保持关闭状态，保证求美者隐私，减少外界干扰。在更衣区提供整洁的拖鞋与储物柜，附上清晰的使用指引；术前准备室可放置少量绿植或艺术画作，营造温馨的氛围；为求美者准备的病号服应选择柔软透气的材质，避免粗糙布料带来不适。

2. 医护人员形象与言行规范 医护人员的着装不仅关系到个人职业形象的塑造，更直接影响手术环境的无菌要求，求美者信任感的建立，决定团队的专业性。规范的着装能够传递严谨的工作态度，降低感染风险，同时提升整体医疗服务的品质。因此，医护人员需严格遵循符合医疗标准的服饰、妆面及发型要求，确保手术过程的安全与高效。

（1）医护人员形象规范

1）妆面要求：医护人员的妆面要求是简洁、自然、无干扰。由于手术室环境需要高度洁净，任何可能脱落的化妆品颗粒都可能成为污染源，因此医护人员应避免使用粉底液、散粉、眼影等易飞粉的彩妆产品，尤其是假睫毛、亮片眼影、浓密睫毛膏等，这些化妆品可能在长时间手术中产生脱落，掉入手术区域，增加感染风险。医护人员可适当使用防水的眉笔和唇膏，以维持基本的职业形象，但需确保妆容轻薄且不易脱落。严禁使用香水、香体喷雾等含挥发性成分的产品，其气味可能刺激患者或引发过敏反应，同时某些化学成分还可能影响手术设备的敏感度。要保持指甲干净度，长度不超过指尖，禁止美甲。总体而言，医护人员妆面应以"零存在感"为原则，既体现专业形象，又不会对医疗环境造成潜在威胁。

2）发型规范：医护人员的发型要求完全固定、无碎发、无遮挡。所有医护人员在进入手术室前，必须将头发全部包裹于无菌帽内。女性医护人员是长发者应提前盘成发髻或者使用发网固定，确保无任何发丝外露；刘海需用发夹完全固定，避免在手术过程中因低头操作而滑落，影响视野或触碰无菌区。男性医护人员若留有胡须或鬓角过长，应使用一次性胡须帽或者医用胶带固定，以防止毛发脱落。此外，发胶、摩丝等定型类发型产品剂应避免过量使用，以防其化学成分在手术室内挥发，影响空气质量或设备运行。

3）服饰规范：医护人员的服饰选择应以功能性、安全性和专业性为核心原则。首先，手术服必须为无菌材质的一次性医用手术衣，其设计应完全覆盖躯干及手臂，避免在操作过程中因动作幅度过大而暴露皮肤或内层衣物。手术衣的腰部需束紧，防止松散影响操作，同时袖口应为弹性收口，以避免术中器械或手套的勾挂。手术服的颜色通常为蓝绿色或浅蓝色，这类色调既能缓解长时间手术带来的视觉疲劳，又能与血液等液体形成色差，便于及时发现污染。口罩需选用医用外科口罩或更高防护级别的N95口罩，确保完全覆盖口鼻，并在手术过程中避免频繁调整，以防污染。帽子应为无菌无纺布材质，能够完全包裹头发，杜绝发丝脱落的风险。此外，医护人员避免佩戴任何饰品，这些饰品不仅会破坏无菌环境，而且存在划伤求美者皮肤或干扰手术操作等隐患。

（2）医护人员言行规范

1）语言规范：医护人员的语言表达直接影响求美者的心理状态和团队协作效率，用词必须精准专业，避免模糊或不确定的表述。在术前向求美者及家属解释手术步骤或者突发情况时，应使用明确的医学术语，但同时要以通俗易懂的方式向患者说明，确保其理解而不致恐慌。例如，在为求美者进行鼻假体植入术前，医护人员向其及家属解释手术过程或者突发情况时，可以表述为："我们即将进行的鼻假体植入术，就是在鼻腔内做小切口，放入雕刻好的硅胶材料来塑形。过程中若发现轻微出血，属于正常现象，医生会立即处理，确保安全。"在这段表述中，既使用"鼻假体植入术"等术语，又用"小切口""塑形"等通俗表达进行说明。

2）行为规范：在准备手术的过程中，医护人员动作以轻、缓、稳为原则，避免任何可能干扰手术进程或引发求美者不安的行为。行走时，应保持步伐轻盈，尤其是在靠近手术台时，需控制步速和脚步声，防止突然的响动影响求美者情绪。开关门动作需轻柔，手术室门的快速开合可能造成气流扰动，增加污染风险，同时也可能产生噪声干扰，开关门时应使用缓慢、稳定的力度操作门把手，确保门扇无声闭合；若频繁进出，应减少开门幅度，或通过传递窗完成物品交接，以维持手术室的密闭性。在接触求美者时，操作力度需均匀适度，如在对求美者敏感部位进行消毒操作时，应通过语言提示减轻患者紧张感。所有操作都应以"最小干预"为原则，确保医疗行为既高效又舒适。

3. 医护人员自我介绍 医护人员的自我介绍不仅是职业身份的确认，更是建立医护人员和求美者信任关系的第一步。规范得体的自我介绍能够有效缓解求美者的紧张情绪，传递专业性与亲和力，为后续服务奠定良好基础。

（1）语言表达的规范 医护人员的自我介绍应当清晰说明自己的姓名、职称以及在手术团队中的角色，可以自我介绍说："我是您本次手术的麻醉医师张××，将全程负责您的麻醉安全。"语速适中，即120~160字/min之间，语调平和沉稳，通过适度的音量控制和重音突出关键信息，确保信息能被求美者及家属准确接收。要避免使用过于简略的表述，如简单介绍说："我是护士小李"，这种缺乏专业背景的自我介绍难以建立专业信任。在自我介绍或者团队介绍时，可以适当运用"我们团队""共同配合"等体现协作精神的词汇，且避免过度使用医学术语。例如，介绍时说："我将协助主刀医生完成切口缝合工作"，"切口缝合工作"的表述比"负责创面闭合"这类专业术语更易于求美者理解。同时，介绍时避免使用可能引发焦虑的词汇，如将"并发症监测"表述为"全程守护您的安全"更能让求美者及家属安心。在遇到焦虑明显的求美者，医护人员的自我介绍可以增加安抚性内容。例如，介绍时说："我是您的手术护士王芳，有十年的整形护理经验，今天会一直陪伴在您身边。"这种包含专业资历和陪伴承诺的表述，能够有效提升求美者的安全感。

（2）面部表情的管控 医护人员在自我介绍时，应当保持适度微笑，嘴角轻微上扬，弧度控制在15°~30°之间，这种微笑既能传递友善，又不会显得轻浮。要避免介绍时表情过于严肃，这容易让求美者产生距离感；也要避免过度的笑，这也会削弱医护人员的专业形象。自我介绍时，应当与求美者保持3~5s的眼神接触，随后自然移开，避免长时间直视造成的压迫感。当医护人员戴着口罩进行沟通时，可以通过眼部动作传递笑意，避免皱眉、快速眨眼等可能传递焦虑或不确定性的微表情。

（3）肢体语言的配合 医护人员在保持站立姿态进行自我介绍时，双脚应与肩同宽，双手自然交叠于身前或垂放两侧，避免插兜、抱臂等防御性姿势。当介绍过程中需要进行引导时，应当采用开放式手势。例如，介绍手术团队时，可以手掌心向上、五指并拢指向相关成员，这种手势传递出接纳与尊重的态度；同时，手势的范围控制在肩部以下、腰部以上，避免过高或过低的动作显得不够专业，引起不信任感。

（二）术前准备礼仪

1. 体检与禁忌证告知　在手术前，医护人员对求美者进行体检与禁忌证告知是确保医疗安全的关键环节。这一过程不仅需要严谨的医学态度，更需要专业的沟通技巧，以帮助求美者充分理解自身状况，做出理性决策。

（1）体检项目的告知　医护人员应以清晰、有序的方式向求美者说明体检的必要性及各项检查的作用。例如，在解释血常规检查时，可以表述为："这项检查主要评估您的凝血功能和感染风险，确保手术过程的安全。"对于心电图检查，可补充说明："它可以帮助我们了解您的心脏状况，避免术中可能出现的循环系统风险。"在沟通时，避免使用过于专业的术语，如将"凝血酶原时间"可简化表述为"血液凝固能力"等，使求美者更易理解。同时，应强调体检数据的保密性，减轻其心理负担。

（2）禁忌证的告知　禁忌证分为绝对禁忌证与相对禁忌证两类，对于不同的禁忌证采用不同的沟通方式。

1）绝对禁忌证：在告知绝对禁忌证（如严重心脏病、凝血功能障碍等）时，医护人员可以用严肃但不恐慌的表达进行告知："根据检查结果，您目前的情况不符合手术条件，强行手术可能危及健康。"此时，应避免模糊表述，如"可能不太适合""目前不太确定"等表达，应明确医学建议并提供解决方案。

2）相对禁忌证：在告知相对禁忌证（如轻度高血压、可控的糖尿病等）时，医护人员可采取更灵活的沟通方式，可以说："您的血压略高于正常值，虽然可以手术，但需要先进行调控以降低风险。"同时，详细解释风险管控措施，如术中监护、术后特殊护理等，增强求美者的信心。

2. 签署协议礼仪

（1）协议沟通礼仪规范

1）专业表达：在整形美容手术前的协议签署环节，专业而细致的沟通是确保双方权益的基础。医护人员应明确告知协议的法律性质及其在医疗行为中的重要意义。专业表述应当清晰准确，避免使用难懂的法律术语，而是将关键条款转化为通俗易懂的说明，确保求美者充分理解手术方案、预期效果、潜在风险及替代治疗方案等核心内容。沟通时应保持适度的语速，重要信息需重复强调，并留出充分的提问时间。

2）知情同意：医护人员需以中立客观的态度进行说明，既不夸大手术效果，也不刻意渲染风险，可将协议内容分为若干模块，每解释完一个模块即确认求美者的理解程度。对于关键风险条款，应当要求求美者复述其理解内容，以确保信息传递的准确性。

（2）签署操作礼仪规范　协议签署环节需要遵循严谨的操作规范。医护人员应当保障求美者的阅读权益，提供充足的时间让其仔细审阅协议文本。对于重点条款，应当主动提示并加以解释，确保求美者在完全知情的前提下做出决定。阅读环境应当光线充足，对于视力障碍或其他特殊情况者，应当采取适当的辅助措施确保其知情权。医护人员应当指导求美者在每份协议的正确位置签署，并确保签名清晰可辨。签署过程应当从容有序，避免催促或干扰。

签署完成后，应当立即向求美者提供协议副本，并说明保存的重要性。整个签署过程应当体现庄重感，让求美者感受到机构对协议的重视程度。协议签署环节应当做好完整的记录工作，包括签署时间、在场人员等信息。严谨而人性化的签署礼仪能够有效提升求美者对机构的信任度，为后续医美服务奠定良好基础。

二、术中服务礼仪

（一）手术室接待礼仪

求美者进入手术室时，面对陌生的医疗环境与专业设备，易产生显著的紧张与不安情绪。手术室工作人员需以规范的职业形象、专业的服务态度及人性化的沟通技巧，帮助求美者建立安全感与信任感，确保其以平稳的心态配合手术流程。

1. 信息核对　工作人员应主动上前迎接，以自然微笑与清晰语言问候求美者，并严格核对求美者身份及手术信息。①核对求美者身份，包括姓名、性别、年龄、手术名称、手术部位（含左、右侧）、麻醉方式、过敏史等；②核对手术信息，包括手术方案及知情同意书签署情况，核对手术部位标记、器械灭菌状态及药物使用等。

2. 环境引导　在确保无菌原则的前提下，引导求美者逐步适应手术室环境。通过三方面的介绍来舒缓求美者心理。简要说明设备功能，可以说："这是生命体征监护仪，会实时保障您的安全。"提示注意事项，可以说："稍后我们会为您调整适宜温度。"明确医护分工，可以说："主刀医生将为您做最后的设计确认。"避免讨论手术风险案例，使用复杂医学术语等，通过平稳的语速和适度的目光接触降低顾客焦虑水平。

3. 求美者协助　协助求美者采取标准手术体位，过程中可以说："现在需要您平躺，我会协助您调整到最舒适的位置，就像这样慢慢后仰，现在感觉腰部有支撑吗？"持续观察求美者的非语言信号，如手指紧握、呼吸频率加快等紧张表现，并及时给予安抚，可以说："深呼吸很有帮助，您可以跟着我的节奏吸气、屏住呼吸、呼气。"在麻醉准备阶段，用简练的语言说明后续步骤，可以说："接下来我们会进行消毒，感觉有些凉是正常的。"

（二）手术中工作礼仪

1. 体态语言

（1）团队协作的体态语言　医护人员在手术过程中需要互相交流时，非语言信号尤为重要。因为在手术过程中，医护人员之间的交流会受到限制，非语言交流能够加强此阶段的交流效果，增进相互的理解。常用的四种非语言沟通的技巧有目光交流、举止交流、皮肤接触和观察识别对象信息。此外，在某些特殊情况下，如遇到求美者在局部麻醉注射后突发喉头水肿的紧急情况时，医护人员之间可通过快速交换目光或点头示意等表情动作进行沟通，以使紧急情况处理地更加默契。

（2）医护人员和求美者之间的体态语言　手术过程中，医护人员的言行会引起求美者微妙的心理变化，任何语言和不良的声音刺激都会引起求美者的情绪变化。因此，在手术过程中，医护人员不宜谈论与手术相关的敏感话题，表情应保持自然淡定，举止从容稳定，为求美者营造良好的手术氛围，且要时刻关注求美者的情绪变化，尽量多使用肢体语言，如明确的手势、会意的眼神、摇头点头、目光交流等进行沟通，可避免使用引起求美者疑虑和担心的语言，如"出血太多了""少了一根手术线""完了""怎么会这样"等；多使用肢体语言安慰求美者，如轻拍求美者的肩膀或手臂，鼓励求美者积极配合等。

2. 突发情况处理　整形美容手术中的突发情况处理及沟通不同于常规医疗场景，它既要求医护人员保持冷静的专业态度，又要展现深切的情感共鸣。当求美者家属面对手术意外时，他们不仅需要事实信息，更需要情感依托和信心支持。

（1）沟通原则　处理突发情况时的科学沟通需要遵循"清晰、简洁、一致、富有同情心"的原则。沟通初期应当建立沟通基础。从行为上要以平稳的步伐接近家属，谈话时要与家属保持1～1.5m的安全距离，采用开放式站姿（双手自然下垂）；与家属谈话中要首先要进行身份确认，可以说："我是负责张女士手术的麻醉主任李医生"，然后说明情况并保障承诺。可以说："手术中出现需要特别关注的情况，我们已经组织最强团队在处理情况"。在解释医学应对方法的时候，尽量将难懂的医学术语进行转化，如将"肺栓塞"表述为"肺部血液循环暂时不畅"，将"DIC"解释为"凝血系统需要特别支持"等。与家属共同选择解决方案时，可提供2～3个经过医疗团队预评估的可行方案，并进行清晰表述，可以说："现在有两个方案供您选择：A方案是继续在手术室观察治疗，B方案是转入ICU进行监护。从专业角度，我们建议×方案"，且要说明每个方案的预期效果和潜在风险,让家属明确每一个环节。

(2)沟通技巧　根据手术中突发情况的等级,灵活运用沟通技巧,及时化解矛盾、安抚家属情绪、重建信任(表7-1)。

表7-1　突发情况沟通技巧

突发情况等级	情况示例	沟通技巧
一级突发情况(轻微并发症)	局部血肿/轻度过敏反应	"××家属您好,手术过程中发现求美者出现(具体症状),这属于(并发症名称),发生率为(数据)。我们已采取(处理措施),目前情况(稳定/可控)。后续需要(进一步处理方案),预计影响(恢复时间/效果)。您有什么需要了解的?"
二级突发情况(中度风险)	术中出血量较大/麻醉意外	"请您先坐下(引导入座)。求美者目前出现(病况描述)。我们的医疗团队正在实施(抢救措施),已启动(应急预案)。这种情况的预期(说明可能性),接下来需要(进一步治疗方案)。现在请您确认(授权文件签署)"。
三级突发情况(生命危险)	肺栓塞/心脏骤停	"××家属,现在需要您保持冷静(双手平举下压手势)。求美者发生(危重病名),我们正在全力抢救(说明抢救措施)。现在需要您的配合(事项说明),同时请通知(其他亲属)。我院(上级医师或者院长)将在(时间)内到达现场。"

(3)非语言沟通技巧　手术过程中,突发情况的出现往往需要医护人员在极短时间内稳定局面,而恰当的非语言沟通能够在不加剧紧张氛围的前提下,传递专业性与控制感。其中,手势、表情、语调的协调运用尤为关键。

1)手势:手势的运用应以稳定的姿态为主。例如,当手术中出现意外出血或求美者突然表现出焦虑时,医生或麻醉师应避免出现因慌乱而挥舞手臂等容易带来不安感的手势,可采用双手交叠放于腹部的姿势以缓解求美者情绪,同时,通过轻微的身体屏障向求美者传递出"我在冷静处理"的信号;相较于双臂交叉(可能被解读为抗拒或封闭),双手交叠的防御性姿势更为柔和,既能维持专业形象,又不会让求美者及家属感到疏离。

2)表情:在突发情况出现时,医护人员应保持眉心微蹙配合适度目光下垂的表情,通过眉心微蹙传递出"问题已被察觉,正在专注解决"的严肃态度,避免因表情过于放松而被求美者及家属误解为不重视情况的发生或者忽视风险;而适度的目光下垂(而非紧盯求美者及家属或完全回避眼神)则能减少目光对峙带来的压迫感,尤其适用于求美者及家属情绪激动时的非对抗性沟通。例如,当求美者因麻醉不适而抱怨时,医生在回应时可短暂保持此表情,既能表达重视,又不会因过度皱眉加剧求美者的恐慌。

3)语调:语调的调控是稳定求美者心理的关键因素。在危机沟通中,降低语调能显著增强话语的可信度。对于男性医护人员而言,降低语调,既能避免高频声音引发的紧张情绪,又能通过低沉、稳定的声线传递控制感。例如,当手术过程中,医护人员需告知家属,求美者目前有一点出血,但情况可控的时候,用平稳的语调陈述,会减弱家属的焦虑感。

(4)突发情况处理禁忌　突发情况的处理中,不当的言行可能直接激化矛盾,甚至引发纠纷。因此,医护人员必须严格遵循沟通与行为规范,避免以下禁忌。

1)语言禁忌:在突发情况发生时,医护人员的每一句话都可能被求美者及家属高度敏感地解读,因此必须避免可能引发误解或激化情绪的表述。一般有两种常见的如下表述方式。

第一种,推诿责任的表述。如医护人员对于突发事件的发生,第一时间开口说:"没见过这种情况",这种说法会直接动摇美者对医美团队的信任,暗示医生经验不足或机构应对能力欠缺。应说:"这种情况我们有处理预案,正在按照标准流程处理";又如医护人员在回应家属问题时,说:"主刀医生已经下班了",此类回应会让家属感到被敷衍,认为机构缺乏周全的值班制度,应回复说:"主刀医生正在赶来的路上,目前由值班医生负责,我们会全力保障您的安全";再如遇到家属要找上级领导反馈情况时，说："去找院长也没用"，这种带有对抗性的语言会激化矛盾，应避免任何可能被解读为"威胁"或者"推卸责任"的表述，而是主动提供解决方案，并说："您有任何疑问，我们都会逐级上报并及时反馈。"

第二种，消极或模糊的回应，如在与求美者及家属沟通时，避免使用"可能""大概"等不确定词汇，会加剧求美者及家属的焦虑。医护人员应给予明确指导：可以说："这是术中常见反应，我们会立即检查并处理。"

2）行为禁忌：非语言行为同样传递重要信息，不当的举动可能被误解为漠不关心或操作不规范。应避免忽视求美者及家属在场的举动，如背对家属操作设备的行为，这一动作易被解读为回避沟通或隐瞒情况。正确的做法是保持侧身站位，既能操作设备，同时方便家属看到操作过程；再如在突发事件紧急处理中，医护人员中途接听私人电话会严重损害专业形象，必须全程保持沟通的专注状态，若必须接听，应简短说明："现在是紧急处理阶段，稍后回复您。"

三、术后服务礼仪

（一）术后回访及投诉处理

1. 定期回访

（1）回访的目的　主要是通过问话来了解对方的状况、症状表现、程度等，并判断并发症的潜在因素，及时通知医生。回访有利于构建和谐的关系，有利于促进求美者健康行为的建立，有利于保证疗效和案例资料的完整性。

（2）回访的内容及时间

1）回访内容：询问求美者的恢复情况，征求求美者对医院的意见，解答求美者提出的问题，对求美者及其家属进行健康教育工作，注意解决求美者在恢复过程中的心理问题，安抚求美者在恢复过程中出现的沮丧情绪，帮助其恢复信心。

2）回访时间：按回访的内容分早期、中期和长期三个阶段进行。①早期通常指术后一个月内的回访，其内容重点在询问恢复过程、提醒拆线和换药的时间及发现术后早期并发症的潜在迹象，一旦出现可疑现象需及时通知医生处理。此外需提出康复指导建议。②中期通常指术后三个月到半年的时间，重点回访术后形态的变化、瘢痕发展变化、早期并发症的恢复情况，提醒康复指导的内容。③长期回访，指半年以上的更长时间，回访的重点是获取精确的术后形态数据，以及进行潜在的客户开发。

3）回访的流程：回访要针对不同的手术做不同的回访，并按照术前术后的求美者须知提问。回访前应设计详细的回访表格，并依据表格内容做详细的数据记录，帮助医生做低成本的回访。整个回访记录要存档保留，以便医生进行资料查询。

4）回访礼仪要点：回访过程中需耐心细致，不卑不亢，有理有节，亲切柔和，尊重求美者。回答问题要准确、合理，不要说不负责的话或给予错误的指导，同时做好回访记录，及时反馈给主管医生。结束时一定要向对方表示谢意，感谢其对本次工作的支持。对于有意见或不满意的求美者，要及时做好解释工作，安抚其情绪，防止矛盾激化，并及时反馈给相关部门，合理解决。

2. 投诉处理

（1）投诉处理技巧　在应对求美者投诉之前，首先应该了解投诉原因，是因为求美患者对医院在服务上的不满，还是因为求美者手术效果不满意，了解清楚后再做有针对性的处理。对于在医美服务过程中偶然出现的小失误、小过错，如果及时道歉和补救，可能可以及时得到求美者的谅解，避免发生投诉情况，但如果连续出现失误，又没得到及时纠正，或者使求美者遭受到较大的损失，便可能会引发投诉。面对投诉，一定要慎重处理，多从自身找原因，尽量挽回影响，否则求美者会对机构产生不信任，影响声誉。

（2）投诉处理方式

1）保持积极的心态：用积极的心态对待投诉，学会主动道歉，避免漠视求美者的痛苦。在发生投诉时，要尽量站在求美者的立场上思考问题，将心比心，诚心诚意地对求美者的投诉表示理解和同情，对所有投诉的处理，无论是谁的责任，都应积极处理，不能回避事实。让求美者知道你会帮助他，让他对你有信心而不是以一种抗拒的态度去处理。每一个医美机构工作人员都有责任代表机构向求美者表示道歉，并感谢求美者对机构的信任。

2）详细记录投诉：记录主要包括以下几项内容：发生了什么事件？当事人是谁？事情是何时发生的？是什么手术或是什么服务？价格是多少？求美者真正不满的原因在哪里？求美者希望以何种方式解决？求美者的投诉内容是否在理？求美者是老顾客还是新顾客？询问求美者的真正意图。

3）提出解决方案：在处理投诉时，要根据具体情况提出解决方案。可提供给求美者3～4套解决方案，并将院方认为最佳的一套方案提供给求美者供参考，如果求美者提出异议，可再提供一套方案，待求美者确认后再进行实施，避免故意拖延时间消极应对。

4）及时分析总结：收集有用数据进行分析，找出最常发生的问题，分析原因，如技术成熟度、流程标准性、服务全面性等，寻找改进目标，防止同类问题再次发生，并组织学习，进行模拟训练，以避免或应对投诉事件再次发生。

（二）关系维护

1. 人性化沟通　在整形美容术后效果追踪过程中，人性化沟通具有深层意义，它要求医美从业人员在恪守规范的同时，充分理解求美者的心理需求和情感期待。优秀的术后沟通能够搭建起求美者和机构之间的信任桥梁，需要注重语言表达的艺术，如在告知求美者恢复情况时，"进展性描述"比"问题式描述"更易被接受，可以说："您的消肿速度比预期快。"这样的表述比简单地说："还有肿胀未消退"更能给求美者带来积极的心理暗示；再如专业术语的转化技巧的应用，在与求美者沟通时，可以将"血肿"转化说法为"暂时的积液"，将"瘢痕增生期"解释为"皮肤自我强化的过程"，这种术语软化处理能够显著降低求美者的焦虑水平。但需要注意的是，这种转化绝不能偏离医学本质，所有表述都应当有确切的科学依据作为支撑。

2. 特殊情境的沟通礼仪

（1）整形效果未达预期的情况　首先确认求美者的感受，可以说："我完全理解您的失望"，然后客观分析现状，可以说："从医学指标看，肿胀度确实比平均水平高"，最后共同寻找解决方案，可以说："我们可以从三个方向来改善……"这种沟通模式能够降低投诉风险。

（2）遇到过度关注外貌细节的求美者　对于总是觉得自己不够完美的求美者，在沟通时需要更加谨慎，应当避免直接否定其感受，而是引导其关注客观指标，可以说："我注意到您很关注这个弧度，让我们用三维测量数据来看，它实际上在美学标准的黄金范围内。"

3. 数字化时代沟通礼仪　通过数字化技术进行远程随访也是与求美者关系维护的主要途径之一，同样需要注意礼仪细节。在与求美者进行网络视频沟通前应当给求美者发送详细的准备指南，包括网络测试、光线调整等细节，以便观察术后情况；在视频沟通中，应当及时给予求美者反馈，如当求美者讲述术后身体上某些不适时，医美从业人员应不时微微点头并轻声说："嗯，这确实不容易"；且在沟通后24h内应当发送文字版随访记录，这种细节能让求美者感受到即使是远程沟通，也时刻被关注。

同时，网络时代的隐私保护同样重要。在获取求美者影像资料时，要明确每张照片的使用范围；发送给求美者的效果对比图应当添加水印保护；即使是内部讨论，也应当使用去标识化的案例编号。

为了达到更好的沟通效果，也可以借助智能化的辅助工具，如情感识别AI技术，可以实时分析求美者的微表情变化，及时调整沟通策略；自然语言处理技术能够生成个性化的随访提醒。但这些智能化技术永远也无法替代真正的人文关怀，它们只能是增强沟通的辅助手段。

目标检测

一、单项选择题

1. 美容顾问在服务中应如何着装？（　　）
   A. 随意穿着
   B. 穿着得体，符合职业标准
   C. 穿着过于华丽
   D. 穿着运动装
2. 美容顾问在服务中应如何使用妆容？（　　）
   A. 浓妆艳抹
   B. 保持自然和专业
   C. 根据个人喜好随意化妆
   D. 不化妆
3. 美容顾问在服务中应如何与顾客沟通？（　　）
   A. 使用专业术语
   B. 使用简单易懂的语言
   C. 避免与顾客交谈
   D. 仅在必要时与顾客沟通
4. 在美容护理前，服务人员应如何准备？（　　）
   A. 随意准备
   B. 确保工具和产品的清洁和卫生
   C. 不需要特别准备
   D. 仅准备基本工具
5. 在美容护理中，服务人员应如何与顾客交流？（　　）
   A. 不断推销产品　　B. 适时提供专业建议
   C. 避免与顾客交谈　D. 仅在顾客提问时回答
6. 美容护理后，服务人员应如何关怀顾客？（　　）
   A. 忽略顾客　　　　B. 提供科学的护肤指导
   C. 仅提供基本的护理　D. 推销其他服务
7. 美容护理人员在服务中应如何举止？（　　）
   A. 随意　　　　　　B. 专业且有礼貌
   C. 冷漠　　　　　　D. 过于亲近
8. 美容护理人员在服务中应如何使用语言？（　　）
   A. 使用俚语或俗语
   B. 使用专业且礼貌的语言
   C. 避免与顾客沟通
   D. 使用命令式语言
9. 术前医护人员自我介绍时，最合适的语言表达方式是？（　　）
   A. "我是护士小李，待会儿帮你打麻药。"
   B. "我是您的主刀医生王主任，有15年整形外科经验，今天全程负责您的手术安全。"
   C. "我是麻醉科的，不用紧张。"
   D. "我是这里的医生，手术很快的。"
10. 在向求美者解释手术步骤时，应如何平衡专业性与通俗性？（　　）
    A. 全程使用医学术语，确保严谨性
    B. 仅用通俗语言，避免专业词汇
    C. 结合医学术语与通俗解释，如"鼻假体植入术"即在鼻腔内放入塑形材料
    D. 让求美者自行查阅资料
11. 术中突发情况时，医护人员的非语言沟通应注重？（　　）
    A. 快速走动以显示效率
    B. 保持眼神镇定、手势稳定，传递控制感
    C. 频繁调整口罩缓解紧张
    D. 背对患者操作设备
12. 告知绝对禁忌证（如严重心脏病）时，最合适的表述是？（　　）
    A. "您这情况问题不大，可以试试。"
    B. "根据检查结果，您目前不符合手术条件，强行手术可能危及健康。"
    C. "很多人都有这问题，照样做了。"
    D. "您自己决定吧，后果自负。"

二、多项选择题

1. 美容顾问在服务中应遵守哪些礼仪？（　　）
   A. 保持专业妆容　　B. 穿着得体
   C. 使用礼貌用语　　D. 尊重顾客的隐私
2. 美容护理前，服务人员应如何准备？（　　）
   A. 清洁工具和产品　B. 了解顾客的需求
   C. 设置舒适的环境　D. 准备必要的护理方案
3. 美容护理中，服务人员应如何与顾客互动？（　　）
   A. 适时提供专业建议
   B. 尊重顾客的意愿
   C. 保持适当的距离
   D. 注意顾客的反应和舒适度
4. 美容护理后，服务人员应如何提供后续服务？（　　）
   A. 提供科学的护肤指导
   B. 询问顾客的满意度
   C. 提供必要的售后服务
   D. 记录顾客的反馈
5. 美容护理人员在服务中应避免哪些行为？（　　）
   A. 使用不恰当的语言
   B. 忽视顾客的隐私
   C. 强迫推销产品
   D. 缺乏专业知识
6. 以下关于术前服务礼仪的说法，哪些是正确的选项？（　　）

A. 着装标准　统一工装
B. 微笑服务　礼貌用语
C. 心理疏导　共情沟通
D. 专业沟通　温暖服务

7. 术前体检告知时，医护人员需注意哪些礼仪？（　　）

　　A. 使用比喻帮助理解，如"体检像开车前的安全检查"
　　B. 隐瞒部分异常指标以免求美者焦虑
　　C. 明确说明检查项目的用途，如"血常规评估凝血功能"
　　D. 强调数据的保密性

8. 符合术中行为规范的是？（　　）
　　A. 轻声交流，避免突然提高音量
　　B. 接听私人电话处理紧急事务
　　C. 开关门动作轻柔，减少气流扰动
　　D. 使用手机查阅手术资料

（寇晶堃　张　娟　孙志成）

主要参考文献

鲍日新，2012. 社交形象与礼仪. 上海：上海浦江教育出版社.

段玲，2019. 礼仪与修养. 北京：电子工业出版社.

梁冰，叶秋玲，高惠霞，等，2021. 美容礼仪. 上海：复旦大学出版社.

王芃，2023. 美容师基础知识. 北京：中国劳动社会保障出版社.

位汶军，夏曼，2022. 美容礼仪与人际沟通.4版. 北京：人民卫生出版社.

徐汉文，张云河，2021. 商务礼仪.3版. 北京：高等教育出版社.

朱海燕，2019. 中国茶道·礼仪之道. 北京：中国农业出版社.

目标检测参考答案

第1章
一、单项选择题
1. D 2. D 3. A 4. C 5. B
二、多项选择题
1. AC 2. BCD

第2章
一、单项选择题
1. A 2. A 3. C 4. B 5. D 6. A
二、多项选择题
1. AD 2. ABD 3. ABCD 4. ABCD

第3章
一、单项选择题
1. D 2. A 3. C 4. C
二、多项选择题
1. ABC 2. CD 3. ABCD 4. ABC 5. ABC

第4章
一、单项选择题
1. D 2. A 3. A 4. D 5. B 6. C
二、多项选择题
1. BCD 2. ABCD 3. AB

第5章
一、单项选择题
1. A 2. B 3. D 4. B 5. C 6. D 7. A
二、多项选择题
1. ABCD 2. ABD 3. AC 4. ACD 5. ABD 6. ABD

第6章
一、单项选择题
1. B 2. B 3. B 4. B 5. B 6. B
二、多项选择题
1. ABCD 2. ABCD 3. ABCD 4. ABCD 5. ABCD

第7章
一、单项选择题
1. B 2. B 3. B 4. B 5. B 6. B 7. B 8. B 9. B 10. C 11. B 12. B
二、多项选择题
1. ABCD 2. ABCD 3. ABCD 4. ABCD 5. ABCD 6. ABCD 7. ACD 8. AC